本专著出版得到
教育部人文社会科学研究项目"中国重点红色旅游景区英译文本的翻译规范研究"（项目批准号：17JJD77018）的资助

# 国内重点红色旅游景区英译文本的翻译规范研究

袁邦株　徐润英　著

北京理工大学出版社
BEIJING INSTITUTE OF TECHNOLOGY PRESS

版权专有　侵权必究

### 图书在版编目（CIP）数据

国内重点红色旅游景区英译文本的翻译规范研究 / 袁邦株，徐润英著. -- 北京：北京理工大学出版社，2023.10
ISBN 978-7-5763-2991-9

Ⅰ. ①国… Ⅱ. ①袁… ②徐… Ⅲ. ①革命纪念地 – 介绍 – 英语 – 翻译 – 研究　Ⅳ. ①K878.2②H315.9

中国国家版本馆 CIP 数据核字（2023）第 202579 号

**责任编辑**：徐艳君　　　　**文案编辑**：徐艳君
**责任校对**：周瑞红　　　　**责任印制**：施胜娟

| 出版发行 | / 北京理工大学出版社有限责任公司 |
| --- | --- |
| 社　　址 | / 北京市丰台区四合庄路 6 号 |
| 邮　　编 | / 100070 |
| 电　　话 | /（010）68914026（教材售后服务热线） |
| | （010）68944437（课件资源服务热线） |
| 网　　址 | / http://www.bitpress.com.cn |

| 版 印 次 | / 2023 年 10 月第 1 版第 1 次印刷 |
| --- | --- |
| 印　刷 | / 三河市华骏印务包装有限公司 |
| 开　本 | / 710 mm × 1000 mm　1/16 |
| 印　张 | / 10.25 |
| 字　数 | / 115 千字 |
| 定　价 | / 60.00 元 |

图书出现印装质量问题，请拨打售后服务热线，负责调换

# 前　言

中华民族五千多年的历史造就了辉煌悠久的文化。进入新时代，中华文化尤其是中华优秀文化在全球的影响力明显增强。在中华文化走出去战略的大背景下，红色文化作为中华优秀文化的重要组成部分，作为中华民族最鲜亮的底色，在对外传播中华文化中占据着重要地位。红色文化故事承载和记录了中国革命历史的重大事件和人物活动，蕴含了革命英烈的崇高理想和坚定信念，具有超越时空的吸引力和感染力。红色旅游景区是红色文化资源的重要载体，传播和推介红色旅游景区内丰富的红色文化资源，是新时代中国文化自信的必然要求。

在上述背景下，笔者于 2017 年有幸获得了井冈山大学中国共产党革命精神与文化资源研究中心高校人文社会科学重点研究基地重大项目：中国重点红色旅游景区英译文本的翻译规范研究（项目批准号：17JJD77018）。这本专著是在该项目结项成果基础上，经过不断打磨和修改完成的。

项目获批以来，团队成员围绕着目标主题，开展了国内红色旅游景区英译文本的翻译规范研究，以翻译规范理论为指导，以红色旅游景区的英译文本为切入点，以构建红色旅游英译文本的翻译规范为目标，梳理基于语料库的翻译规范的内在脉络。项目以"总体翻译规范、具体翻译规范假设、语料库数据验证、翻译规范讨论"为概念逻辑链，以红色旅游英译文本的外部规范和内部规范为思考中心，分析、解释这类文本的翻译规范。项目经历了文献综述、语料库创建、规范描写和总结反思等多个阶段，基本达到所设计的研究目标。

本书一方面探索了具体体裁语篇翻译规范研究，通过分析具体体裁的语言特征、翻译过程中所涉及的各类因素，归纳、整理和推演红色旅游景区英译文本翻译实践所遵循的翻译规范；另一方面，从一个侧面进一步论证了语料库的构建对于翻译规范论研究的互补作用。同一体裁英译文本数量是保证翻译规范研究的前提条件，建构一定规模的红色旅游景区英译文本语料库是探索翻译规范的基础。书中收集了全国75个红色旅游景区相关介绍的英译文本，组建了近30万字（汉英平行）的语料库，开展翻译规范研究。同时，收集和整理了近13万字的英美历史景点英文语料库，该语料库与红色旅游景区英译文本（汉英平行）语料库，交际功能相同，题材和风格相似，作为对比参考语料库使用。

探讨红色旅游景区英译文本的翻译规范，有助于深化学界关于翻译本质和翻译过程的认识，拓宽实用译学研究的深度和广度。对红色旅游景区英译文本的词汇和句法特征进行系统描写，有助于厘清语言事实，完善学界对于外宣文本语言特点的认识，有助于探寻红色文化传播的有效途径，增强文化自信，提升我国的文化软实力，助力中华文化走出去的战略需求。从应用价值看，为功能相似、目的相同的同一类型的语篇体裁的翻译规范研究提供了范例和借鉴，为红色旅游景区英译文本翻译实践提供借鉴。通过对红色旅游景区英译文本的规范研究，能够更加深入分析英译文本独特的词汇、句法等语言特征，为更加准确忠实地翻译红色故事，推广红色文化提供借鉴，为更好地做好红色旅游景区文本的翻译提供参考。另外，红色旅游景区英译文本翻译规范研究也为红色旅游拓展提供参考，也是讲好中国故事，传播中国声音，展示真实、立体、全面的中国的现实需要。本书针对红色旅游景区提供高质量的英译文本这一现实问题提供了很好的借鉴和建议。高质量的英译文本能够给国内外游客提供更好的旅游体验，也为红色旅游的国际化提供优质的服务，以吸引更多中外游客来观光和旅游。

# 目　录

1　绪　言 ··················································································· 1
　　1.1　红色文化定义、特征与价值 ············································· 3
　　1.2　国家文化走出去战略 ························································ 7
　　1.3　中华文化走出去背景下红色旅游景区英译文本
　　　　研究 ················································································· 13
　　1.4　研究目标和框架 ································································ 16

2　文献综述 ············································································· 19
　　2.1　翻译规范论研究 ································································ 21
　　2.2　红色旅游外宣翻译 ····························································· 35
　　2.3　小　结 ··············································································· 45

3　红色旅游景区英译文本翻译规范研究 ····························· 47
　　3.1　作为理论基础的翻译规范论 ············································· 49
　　3.2　基于语料库的翻译规范研究 ············································· 53
　　3.3　探寻红色旅游景区英译文本的翻译规范 ························ 58
　　3.4　小　结 ··············································································· 61

4　语料库的构建 ····································································· 63
　　4.1　建库原则与过程 ································································ 65
　　4.2　语料库的数据处理及使用 ················································ 72
　　4.3　小　结 ··············································································· 76

## 5 红色旅游景区英译文本的外部规范 ......77
### 5.1 红色旅游翻译的选择规范 ......79
### 5.2 红色旅游翻译的期待规范 ......83
### 5.3 小 结 ......87

## 6 红色旅游景区英译文本的词汇操作规范 ......89
### 6.1 实验设计 ......91
### 6.2 结果分析 ......94
### 6.3 实验结论 ......102
### 6.4 小 结 ......103

## 7 红色旅游景区英译文本的句法操作规范 ......105
### 7.1 研究设计 ......107
### 7.2 结果与讨论 ......110
### 7.3 小 结 ......120

## 8 余 论 ......121
### 8.1 研究内容、观点总结 ......123
### 8.2 红色旅游景区英译文本翻译规范研究的意义 ......127
### 8.3 未来的研究空间 ......130

## 参考文献 ......132

## 索 引 ......146

## 后 记 ......152

# 1 绪言

随着我国成为世界第二大经济体，国际地位和影响力显著提升，中华文化，尤其是中华优秀文化在全球的影响力明显增强。作为中华优秀文化的一部分，红色文化的对外传播研究对于增强我国的文化亲和力、感染力、吸引力、竞争力有着极其重要的意义。红色文化作为中华民族最鲜亮的底色，在对外传播中华文化中占据着重要地位。红色文化故事承载和记录了中国革命历史的重大事件和人物活动，蕴含了革命英烈的崇高理想和坚定信念，具有超越时空的吸引力和感染力。在中国共产党成立100周年之际，对外传播这些红色文化及其所蕴含的故事，对促进红色文化旅游，增强党史教育，弘扬中国红色文化，增强中国文化软实力等方面都具有重要意义。

## 1.1 红色文化定义、特征与价值

红色文化是在革命战争年代，由中国共产党人、先进分子和人民群众共同创造并极具中国特色的先进文化，蕴含着丰富的革命精神和厚重的历史文化内涵（张泰城，2010，2011 等）。红色文化可以区分为广义和狭义两种。广义的红色文化是指世界社会主义运动历史进程中，人们的物质和精神力量所达到的程度、方式和成果；狭义的红色文化是指中国共产党在领导中国人民实现民族的解放与自由以及建设社会主义现代中国的历史实践过程中凝结而成的观念意识形式。红色文化可以概括为革命年代中的"人、物、事、魂"。其中的"人"是在革命时期对革命有着一定影响的革命志士和为革命事业而牺牲的革命烈士；"物"是革命志士或烈士所用之物，也包括他们生活或战斗过的革命旧址和遗址；"事"是有着重大影响的革命活动或历史事件；"魂"则体现为革命精神，即红色精神。

红色文化是一种重要资源。红色资源是以红色革命道路、红色革命文化和红色革命精神为主线的集物态、事件、人物和精神为一体的内容体系。红色资源包括物质文化和非物质文化。物质资源表现为遗物、遗址等革命历史遗存与纪念场所；非物质资源表现为包括井冈山精神、长征精神、延安精神等红色革命精神。红色文化最根本的特征是"红色"，它具有革命性和先进性相统一、科学性与实践性相统一、本土化与创新性相统一以及兼收并蓄和与时俱进相统一等特征。

红色文化有一个形成、发展、积淀、丰富、创新的文化演进过程，包括在中国共产党领导下进行的新民主主义革命时期、社会主义革命和建设时期、改革开放和社会主义现代化建设新时期、中国特色社会主义新时代等各个历史时期，直到共产主义最终实现的整个历史进程。

从价值看，红色文化具有多重价值。

一是历史印证价值功能。首先，红色文化见证了百年党史，见证了"没有共产党就没有新中国"的历史。1840年鸦片战争以后，中国逐步沦为半殖民地半封建社会，国家蒙羞、人民蒙难、文明蒙尘，中华民族遭受了前所未有的劫难。为拯救国家和人民，无数革命者进行了长期的探索和斗争并为之流血牺牲，但都无法改变中国人民的悲惨命运。是中国共产党勇敢地担负起历史重任，为中华民族的独立解放，为中国人民的平等自由作出了不懈的努力，付出了重大牺牲。一部红色文化史忠实地记载了中国共产党为人民利益而奋斗的历史。其次，红色文化昭示了"只有社会主义才能救中国"的真谛。中华人民共和国成立后，随着社会主义制度的建立，实现了中国历史上最广泛最深刻的社会变革。邓小平曾指出："如果不搞社会主义，而走资本主义道路，中国的混乱状态就不能结束，贫困落后的状态就不能改变。"（《邓小平文选》第三卷）中国共产党人在建设社会主义的实践中进行了艰辛的探索，取得了巨大成就，使中国的社会主义呈现出勃勃生机。另外，红色文化见证了中国共产党的从局部执政到全国执政的历史进程。中国共产党的执政地位是历史和人民赋予的，传承红色文化，解读革命历史，有利于帮助人们了解党的执政地位的来之不易，有利于巩固党的执政地位。

二是文明传承价值功能。红色文化记录着一代又一代共产党人的理论创新。首先，红色文化是马克思主义中国化理论成果发展进程中的重要环节。中国共产党是先进文化，即马克思主义同中国工人运动相结合的产物。中国共产党人创造性地形成了指导中国革命和建设的先进文化——毛泽东思想、邓小平理论、"三个代表"重要思想、科学发展观、习近平新时代中国特色社会主义思想。其次，红色文化提炼和凝聚了中国共产党人的革命精神并在中国革命、建设和改革开放的实践中得以传承。中国共产党在不同历史时期形成并凝练出催人奋进的精神，构成了共产党人的精神谱系。如：在新民主主义革命时期，形成了伟大的建党精神、井冈山精神、苏区精神、长征精神、延安精神、抗战精神、红岩精神、西柏坡精神；在社会主义革命和建设时期，形成了抗美援朝精神、"两弹一星"精神、塞罕坝精神等；在改革开放和社会主义现代化建设新时期，形成了改革开放精神、特区精神、抗洪精神等；在中国特色社会主义新时代，形成了脱贫攻坚精神、伟大抗疫精神、"三牛"精神、探月精神等。这些精神都是红色文化的精髓，是激励人们开拓进取、矢志不渝的强大精神支柱，实现中华民族的伟大复兴需要弘扬这些红色精神。和平建设时期形成的大庆精神、"两弹一星"精神、抗洪精神、抗震救灾精神、载人航天精神，就是红色文化得以传承的体现。

三是政治教育价值功能。首先，红色文化是开展青少年德育的有效载体。红色文化资源丰富，每一处革命遗迹、每一件珍贵文物、每一堂传统课都是鲜活的教材，都折射着革命先辈崇高理想、坚定信念、爱国情操的光芒。这些红色文化用鲜活的历史告诉青少年，老一辈革命家的丰功伟绩建立在他们对祖国深厚的爱之上。其次，多样化的红色文化，可以使人们在寓教于乐中受到润物细无声的熏陶。红色资源正是彰显革命历史的新平台、新课堂，其感召力是学校和书本不可比拟的。游客在红色旅游中，体验中华文化的博大精深，感悟那段烽火连天斗争岁月的艰辛和今天幸福生活的来之不易，从而主动地、真诚地接受红色文化的洗礼和理想信念的教育。

## 1.2 国家文化走出去战略

自党的十八大以来,我国不断推出促进文化走出去的政策。2016年11月1日,中共中央全面深化改革领导小组审议通过《关于进一步加强和改进中华文化走出去工作的指导意见》,强调加强和改进中华文化走出去工作,要坚定中国特色社会主义道路自信、理论自信、制度自信、文化自信,加强顶层设计和统筹协调,创新内容形式和体制机制,拓展渠道平台,创新方法手段,增强中华文化亲和力、感染力、吸引力、竞争力,向世界阐释推介更多具有中国特色、体现中国精神、蕴藏中国智慧的优秀文化,提高国家文化软实力。中央还印发《关于加快发展对外文化贸易的意见》(国发〔2014〕13号)、《关于加强"一带一路"软力量建设的指导意见》等文件,统筹对外文化交流、文化传播和文化贸易,加快推动中华文化走出去。2021年5月31日,习近平总书记在中共中央政治局第三十次集体学习时强调:"要更好推动中华文化走出去,以文载道、以文传声、以文化人,向世界阐释推介更多具有中国特色、体现中国精神、蕴藏中国智慧的优秀文化。"党的二十大报告提出,要"增强中华文明的传播力影响力""深化文明交流互鉴,推动中华文化更好走向世界"。文化是一个国家的软实力,推动中华文化更好走出去既是凝聚民族复兴精神力量、提升文化自信、推动构建人类命运共同体的必然要求,也是提升国际话语权、营造国际良好舆论环境的迫切需要。中华文化走出去战略是我国在21世纪之初所提出的文化建设方针，对于中华文化的觉醒、复兴、整合具有积极的推动作用。进入新时代，随着国际形势的波谲云诡，新冠病毒疫情的发生，世界百年未有的大变局以及国内经济的发展，中华文化走出去战略成为建设文化强国、增强国家文化自信，提高文化软实力的必经之路，在新的时代背景下被赋予了全新的意义。近年来，我国文化产业突飞猛进，不仅在国内开枝散叶，而且香飘海外。回首这些年，在文化走出去方面，我们在取得一些可喜成绩的同时，仍需追求更大的发展空间。在世界多极化、经济全球化和文化多样化的背景下，文化作为一个国家的软实力，越来越成为国际竞争的核心。文化不仅是展示一个国家形象和内涵的载体，作为一种产业，也会带来巨大的经济效益。越来越多的国家把提升文化软实力确立为国家战略，文化竞争也在全面升级，文化版图正在重构。因此，越来越多的国家，更加重视文化产业的发展，以及寻求如何实现更好的文化输出。

近些年来，中华文化走出去主要在以下三个领域取得了一些成绩。

第一，部分文学作品国外受追捧。无论是当代文学还是网络文学，近年来，中国文学领域在"走出去"的道路上跨出了一大步。曾几何时，汉学家蓝诗玲感叹过去中国文学在海外出版的窘境——2009年，美国只出版了8本中国小说……然而近些年这一情况正在悄然发生变化。2012年以来，莫言获得诺贝尔文学奖，刘慈欣、曹文轩等接连折桂国际文学大奖，中国文学正成为世界文学越来越重要的创造性力量。十八大以来，中国作协组织出访团和接待来访作家代表团明显增多；组织参加国际文学节、书展等活动和主办双边和多边文学论坛活动明显增多。中国作家与世界对话的自觉和自信大为增强，中国当代文学正以独特的中国魅力参与世界文学的建构，丰富世界文学的面貌。与此同时，中国经典文学作品也在不断被翻译成世界多种语言，传播海外。例如：贾平凹的《高兴》由瑞典的万之书屋出版；毕飞宇的《推拿》由企鹅（澳大利亚）出版社出版；韩少功的《韩少功中短篇小说集》由韩国创批出版社出版；刘慈欣的科幻作品《三体》由华裔科幻作家刘宇昆翻译成英文，随后出版了法文、德文等多语种译文，该书在西方读者中深受好评；2018年，金庸先生的武侠小说《射雕英雄传》由郝玉青（Anna Holmwood）和张菁两位译者翻译，由英国麦克莱霍斯出版社面向全球发行，深受读者欢迎。

第二，影视作品在海外渐成气候。经过中国电影人和电视工作者这些年来的不断努力，影视作品在"走出去"上也取得了不俗的成绩。2015年至今，电影《天将雄师》在新加坡、马来西亚、泰国、印尼等70多个国家和地区同步热映，覆盖了亚洲、北美、南美、欧洲等地。由中国电影家协会和中国文联电影艺术中心联合发布的《中国电影产业研究报告》显示，2019年中国电影海外销售收入201.63亿元，较2018年增长18.09%，这是中国电影海外销售收入连续四年实现快速增长。2019年国内电影如《流浪地球》《我和我的祖国》《少年的你》等在北美票房均获得不俗的业绩。2021年《八佰》是疫情之后上映的第一部国产大片，不仅是中国市场的票房冠军，也是全球市场的票房冠军。

电视剧方面，近年来，国产电视剧在海外的热播，也让国内电视剧影响力逐渐提升。《媳妇的美好时代》在非洲热播，受到当地观众的追捧。《琅琊榜》《甄嬛传》《金太狼的幸福生活》等国产优秀电视剧在北美、韩国、新加坡、马来西亚、越南、印尼、非洲等地播出让中国风、民族情传播海外，也让世界更加了解中国。2019 年，一批热播的国产电视剧在海外引发了热烈的反响，如：青春励志剧《亲爱的，热爱的》在社交平台引发各国剧迷的讨论，在 Viki、MyDramaList 等视频网站均获得了较高评分；历史剧《长安十二时辰》已授权给美国亚马逊、马来西亚 Astro、新加坡 Starhub 等多家视频网站，并得到较高评价。《知否知否应是绿肥红瘦》《我只喜欢你》等剧在韩国"中华 TV"播出，深受观众欢迎；在非洲，《琅琊榜》《小别离》《欢乐颂》等电视剧被译配成英、法、葡及非洲本地语言在多国播放，受到当地民众喜爱；《鸡毛飞上天》在葡萄牙国家电视台播出，收视率居高不下；在日本，《延禧攻略》《甄嬛传》等宫廷剧被翻译成日语热播。2021 年，展现中国贫困地区发展变迁的脱贫攻坚剧《山海情》，一经在海外推出，便在 YouTube 平台上收获了超过 1300 万次的播放量。聚焦中国抗疫的时代报告剧《在一起》，通过腾讯 We TV、爱奇艺国际等平台发行至全球多个地区，并在蒙古、肯尼亚、巴基斯坦等地区的国家电视台播放，不少观众在网上留言："我们看到，面对疫情挑战，中国人民具有高度的社会责任感，众志成城，共渡难关。"讲述三位三十多岁女性励志人生故事的《三十而已》，相继在全球百余个国家和地区播出，不仅收获了颇高的收视率和点击率，还被越南等国购买了翻拍权。在《人世间》开机的第一个月，迪士尼就买下了《人世间》的海外发行权，这部讲述三代普通中国人家庭变迁的故事走出国门，代表了中华文化出海的新势力。

第三，传统曲艺及戏剧远销海外。如果将18世纪《赵氏孤儿》在欧洲上演作为中国戏剧"走出去"的起点，那么迄今为止，中国戏剧对外传播已有300多年历史。其中，海外华裔作家用西方语言创作有关中国故事的戏剧，是中国戏剧在国外传播的一种重要形式。相声艺术是中华民族的传统文化，具有独特的民族特色和魅力。其中相声表演界的翘楚郭德纲率先带领德云社走出国门，在新加坡、澳大利亚、加拿大、美国等世界各地取得场场爆满的巡演成绩，虽说场内观众以华人居多，但中国传统曲艺能走出国门已然是文化传播上的巨大进步，在一定程度上反映出中华文化在国际上的传播力与影响力。此外，在戏曲戏剧方面，彰显时代创新的中国故事引来八方喝彩：京剧名家张火丁走进纽约林肯中心，成功演出全本京剧《白蛇传》《锁麟囊》；上海昆剧团将汤显祖的"临川四梦"首次完整地搬上舞台并开启世界巡演，所到之处盛况空前，受到青睐。2016年，国家京剧院的实验京剧《浮士德》在意大利巡演时大受欢迎，该剧院的经典大戏《杨门女将》到澳大利亚演出时，以国粹之美征服了当地观众。

2013年12月30日，习近平总书记在中共中央政治局第十二次集体学习时强调："要以理服人，以文服人，以德服人，提高对外文化交流水平，完善人文交流机制，创新人文交流方式，综合运用大众传播、群体传播、人际传播等多种方式展示中华文化魅力。"

看到成绩的同时，我们也应该清醒认识到，中华文化走出去仍然有很多的路要走，仍然面临不少挑战。我国是文化资源大国，却不是文化产业强国，文化产业规模小、总量低，"文学经济"几乎停滞不动，以版权输出为代表的文化贸易严重赤字，存在结构性逆差和行业间发展不平衡，对国民经济的贡献率远远低于欧美及日本等国家。同时，由于对外宣传力度不够，丰富的文化资源未能得到充分有效的利用；文化产业集约化程度低，文化创新活力不足，文化产品缺少内涵、创意、品牌吸引力及附加值，缺乏文化共鸣基础；缺乏大师级的汉外翻译、定稿人及全面周到、着眼长远的国际文化战略；文化输出、合作渠道不够畅通，版权代理人严重缺乏，世界市场份额低；政府定位模糊，对版权输出、出版资源的市场化开发不够重视，文化产品未能成功走出中华文化圈；英美读者普遍对亚洲国家缺乏了解和兴趣，一些西方学者对中国文学尤其现当代文学抱有偏见。中华文化走出去的道路仍然任重道远。

## 1.3 中华文化走出去背景下红色旅游景区英译文本研究

在中华文化走出去战略的大背景下，红色文化作为中华优秀文化的重要组成部分，作为中华民族最鲜亮的底色，在对外传播中华文化中占据着重要地位。红色旅游景区是红色文化资源的重要载体。传播和推介红色旅游景区内丰富的红色文化资源，是新时代中国文化自信的必然要求。红色旅游主要以中国共产党领导人民在革命和战争时期建树丰功伟绩所形成的纪念地、标志物为载体，以其所承载的革命历史、革命事迹和革命精神为内涵，组织接待旅游者开展缅怀学习、参观游览的主题性旅游活动。作为红色文化传播的重要途径，红色旅游通过对景区的游客开展红色教育，不仅能够让游客更好了解红色文化，也有利于更好地传播红色文化，有利于推动中华优秀文化走向世界，增加文化自信。

为了更好地发挥爱国主义教育基地的作用，在"十二五"规划期间，中央决定将红色旅游内容进行拓展，将1840年以来170多年的中国近现代历史时期，在中国大地上发生的中国人民反抗外来侵略、奋勇抗争、自强不息、艰苦奋斗，充分显示伟大民族精神的重大事件、重大活动和重要人物事迹的历史文化遗存，有选择地纳入红色旅游范围，这就更有利于传承中华民族先进文化和优良传统。

红色旅游是把红色人文景观和绿色自然景观结合起来，把革命传统教育与促进旅游产业发展结合起来的一种新型的主题旅游形式。其打造的红色旅游线路和经典景区，既可以观光赏景，也可以了解革命历史，增长革命斗争知识，学习革命斗争精神，培育新的时代精神，并使之成为一种文化。

红色旅游景区英译文本，是指把介绍红色景区各项内容，如景区景点介绍、革命历史事件、革命人物故事和革命精神总结等翻译成英文的文本，它是传播红色文化的重要载体，也是国外游客了解红色文化的重要渠道。研究红色旅游景区英译本，探讨红色文化传播的有效途径和机制，对于红色文化的传播具有实践操作上的重大意义，其作用和价值是不言而喻的。

首先，红色旅游景区英译本的研究，有助于探寻红色文化传播的有效途径，增强文化自信，提升我国的文化软实力，符合中华文化走出去的战略需求。这些红色景区英译本中所包含的红色故事承载和记录了革命历史的重大事件和人物活动，蕴含了革命英烈的崇高理想和坚定信念，具有超越时空的吸引力和感染力。在建党百年之际，对外传播这些红色故事，对促进红色文化旅游，增强党史教育，弘扬中国红色文化，增强中国文化软实力等方面都具有重要意义。

其次，对全国重点红色旅游景区英译文本的翻译规范进行讨论，有助于深化学界对翻译本质和翻译过程的认识，拓宽实用译学研究的深度和广度。翻译规范涉及翻译的本源问题，包括什么是翻译以及如何翻译等重要命题。研究红色旅游英译文本的翻译规范，既可以丰富翻译理论，也可以从译者、读者和文本等角度加深对翻译过程的认识。

再次，对红色旅游景区英译文本的词汇和句法特征进行系统描写，有助于厘清语言事实，完善学界对于外宣文本语言特点的认识。红色旅游英译文本是外宣文本的重要组成部分，对其内在规律进行研究，能够更为深入地探讨外宣文本的语言风格，探究文本背后的翻译策略。

最后，对红色旅游景区英译文本的研究，有助于从理论高度指导红色旅游外宣翻译实践，研究方法可以为相关研究领域提供借鉴。本书借助语料库探索红色旅游外宣文本的翻译规范，研究思路和方法可以用于其他类型外宣翻译的实践和理论研究，使其更为科学、有效。

## 1.4 研究目标和框架

本书以全国 75 处重点红色旅游景区的英译文本为研究对象，融合描写翻译学和语料库语言学的方法，通过对比红色旅游英译文本与英语原文的语言特征，构建基于语料库的红色旅游翻译规范描写体系，以期为更大范围的翻译规范描写研究提供借鉴。我们将以翻译规范理论为指导，以红色旅游景区的英译文本为切入点，以构建红色旅游英译文本的翻译规范为目标，梳理基于语料库的翻译规范的内在脉络。

首先，在界定翻译规范、对规范进行分类和讨论研究方法的基础上，提出总体的翻译规范和具体的规范假设。然后，在确定语料库建库原则的基础上，采集全国重点红色旅游景区的英译文本与类似体裁的英语原文（简称英语原文），并对其进行加工与处理，建立所需的类比语料库。借助语料库分析工具，揭示红色旅游英译文本的规律性和倾向性的语言特征，对相应的翻译规范假设进行验证，进而剖析译文体现的社会化规律，探究翻译规范与翻译普遍性、主体意识之间的逻辑关系。

同时，以"总体翻译规范、具体翻译规范假设、语料库数据验证、翻译规范讨论"为概念逻辑链，以红色旅游景区英译文本的外部规范和内部规范为思考中心，分析、解释这类文本的翻译规范。本书研究的结构框架如图 1-1 所示。

# 1 绪 言

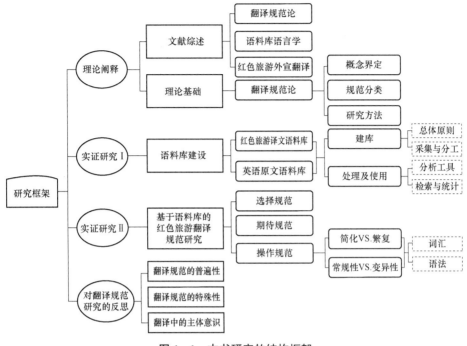

图 1-1 本书研究的结构框架

结合上述框架，本书分为 8 个章节。第 1 章先从宏观上介绍红色文化的相关概念和价值，然后将红色旅游景区英译文的研究作为中华文化走出去战略决策的一个重要组成部分，在此背景下开展翻译规范研究。同时，还阐明了研究的意义和价值。第 2 章聚焦文献研究综述。主要从翻译规范研究和红色旅游外宣翻译两方面开展文献综述，并指出：红色旅游景区的英译文本翻译的规范研究需要借助语料库的工具，从宏观和微观两方面开展研究，语料库语言学在翻译规范研究方面存在着较大的作为空间。第 3 章从理论的角度进一步探索了翻译规范研究和语料库研究结合的可能性、可行性和必要性。第 4 章具体介绍了研究语料库的构建过程，包括样本的选择、语料库工具的使用以及文本的收集和整理以及初始化过程。从第 5 章开始，本书用 3 章的篇幅探索红色旅游景区英译文本的外部规范和内部规范。第 5 章聚焦红色旅游景区英译文本的外部规范，主要从选择和期待规范上分别论述了英译文本的选择过程和读者期待。第 6 章从探索红色旅游景区英译文本的内部规范出发，借助语料库的定性研究，选择功能相同、事件相似的平行文本，探索红色旅游景区井冈山三个英译文本在词汇选择上的规划和策略。第 7 章着重讨论红色旅游景区英译文本内部规范中的句法操作规范。英译文本在句法操作上深受汉语影响，体现出动态句子较多、重复句法突出、主动语态使用过于频繁的特征。第 8 章为总结，总结研究的基本结论和局限性，并指出后续研究的努力方向。

# 2 文献综述

本章聚焦文献综述，涉及翻译规范研究和红色旅游外宣翻译研究两个方面，随后探讨二者的结合的必要性、可操作性和作为空间。自20世纪60年代以来，翻译规范一直是当代翻译学研究的重要内容之一，研究成果较为丰硕。国内外学界不仅对翻译规范的本质、研究对象、研究范式等理论问题展开了深入讨论，而且借鉴翻译规范理论对大量的翻译实践进行了分析。本章梳理了国内外有关翻译规范研究，描述翻译规范研究的发展历程与现状，指出翻译规范研究仍然存在的研究空间和作为实践。文献综述表明，结合语料库，借助语料库工具，开展语料驱动研究，是翻译规范研究的主要方向。也就是说，结合语料库对语言特征的描写，探索新的语言特征所遵循的翻译规范，归纳出译者的翻译规范。

红色旅游外宣研究，在经历了多年的沉淀之后，越来越受到学者的关注。红色旅游外宣研究主要从翻译理论、策略与方法和词汇翻译等方面进行探讨，研究成果丰硕。综述指出：红色旅游外宣或者红色文化的推介和对外传播，落脚点仍然是国外游客的接受程度，仍然在于国外游客的阅读体验，国外读者的阅读体验直接影响着红色旅游文本翻译对规范的遵守。

## 2.1 翻译规范论研究

### 2.1.1 翻译规范的起源、定义与特征

目前翻译理论领域中的"规范"尚没有普遍接受的定义，较具代表性的有以下几种。巴切（Bartsch，1987）认为"规范是正确性观念的社会现实"。以色列的图里（Toury，1980）把"规范"定义为"对翻译进行描述性分析的一个范畴，即某一译语社会中所共享的价值和观念，如什么是正确的，什么是错误的，什么是适当的，什么是不适当的，转化成在特定情况下正确的适当的翻译行为原则"。英国的赫曼斯（Hermans，1996）认为"规范是心理和社会实体，是人们互动交际中重要的构成因素，属于社会化进程中的一部分。从广义上讲，规范涵盖常规与法令之间的全部领域"。孙艺风（2003）指出，"规范是在历史、文化和社会诸层面上建立和形成的传统与惯例"，是"社会化的结果，同时，又是出于有效目的选择并发展而来的。有时规范的使用不免趋于机会主义，带有一定的功利色彩。发话者为了被人接受，可能暂时决定采取一套规范"。捷克斯洛伐克的列维（Levy，1976）指出，翻译活动的特点在于它自始至终都是一个作出决策的过程，译者的决定并不完全是译者的个人行为，而是表现出一定规律性的特征。

有关规范的讨论最先源于社会学，是与道德伦理相关的社会

规范，后来在法律社会学中得到进一步的拓展。社会学中有关规范的讨论在西方社会学中可以追溯至马克斯·韦伯，并且在当代帕森斯的功能社会学中得到了进一步的阐发。而翻译研究对规范的关注大致起于20世纪60年代，一般认为源自列维，而后经图里、芬兰的切斯特曼（Chesterman）、赫曼斯、德国的诺德（Nord）和英国的贝克（Baker）等从不同层面阐述，使翻译规范成为现代翻译研究中的一个重要论题。图里的《翻译理论探索》（1980）和《描写翻译学及其他》（2001）、切斯特曼的《翻译的理念因子》（1997）、赫曼斯的《规范与翻译决定因素》（1996）等论著，是这类研究中最具影响力的代表作。

翻译规范是指在特定社会文化条件下，人们对什么是翻译和应当如何翻译等问题达成的社会共识。这种共识体现为社会成员通过翻译政策对翻译文本、语种和译者的选择与对翻译总体性质的期待带有一定的规约性和奖惩性。译者作为译语社会文化成员，在社会化过程中习得翻译规范。它的存在使翻译文本的总体呈现出特定的语言特征。简而言之，翻译规范是译者在翻译过程中应遵循的原则，包括翻译法令、翻译标准、翻译规则和翻译策略。

翻译规范是翻译行为社会性的体现，它与翻译行为的本质具有必然的联系。翻译行为的本质是一种交往行为，即至少两个具有语言和行为能力的主体之间为达到相互理解而进行的交往。翻译行为涉及三个不同的世界：一是原文所构成和呈现的客观世界；二是译文赖以生存的译语社会世界；三是译者自身的主观主体世界。作为行为主体的译者必须协调与这三个世界的关系，使翻译行为满足交往合理性的三原则：一是表述的真实性，指翻译行为应准确反映与客观世界的关系，即与原文的关系，包括原文的结构和原文所呈现的事件和事实。二是表述的规范性，指译者应当遵循有效的社会规范、道德规范和技术规范，正确处理主体与社会（世界读者、出版商、政治经济结构、诗学、意识形态等）的关系。三是主体表达的真诚性。意义的生成并不是纯客观的，理解必定伴随着主体性。同时再现也意味着译者进行创造的自由。译者必须正视自己的主观体验，表达自身的感觉图像。换言之，译者必须让读者包括代理人相信他/她是在真诚地表达自己的主观世界。同时，赫曼斯（2004）指出，翻译行为也体现出交往的合理性和语言的可理解性，这是交往行为的暗含条件。对翻译而言，语言的可理解性，即译语的可理解性。交往行为及其合理性理论为翻译规范的研究提供了一个合理的基础。真实性、规范性和真诚性都是翻译作为一种交往行为的本质属性，片面强调某一属性，忽略其他属性的翻译行为和翻译理论不能完整地实现翻译的功能和解释翻译的本质。

翻译规范只是翻译本质属性的一方面，即翻译的社会性。规范的社会性与再现原文的客观世界和发挥译者的创造性并不矛盾，因为三种属性分别面向不同的世界。规范的作用是协调译者与其他主体构成的社会世界的关系，而其他两者分别对应客观世界和主体世界。规范的存在并不意味否定译者的主体性和创造性，译者享有遵循或违背规范的自由。但是，一旦翻译的目的是进入社会世界，它就必须遵循与其他主体交往的社会规范。研究翻译规范的意义在于揭示翻译社会性的真实规律，作为翻译性质的一个方面，它也将推动对翻译的真实性和创造性的认识。

有关翻译规范具体特征，廖七一（2010）认为：一是各种规范理论对规范的界定不明晰；二是规范具有文化特殊性，适用于一种文化语境的规范未必适用于其他文化语境；三是规范具有历时性，旧规范会随着时间的推移被新规范所取代；四是规范具有多样性，而且某些规范之间存在着冲突；五是翻译规范的提出是从译文读者期待出发，以否定传统译论中从原文出发的"等值观"（Equivalent）或"忠实观"（Faithful）。

### 2.1.2　翻译规范研究发展历程

纵观 20 世纪 50 年代以来的国外翻译规范研究，大致可分为三个方面，即从传统语言学角度探讨翻译规范，从篇章语言学角度研究规范和从翻译研究角度探讨规范（林克难，2001；韩江洪，张柏然，2004）。也可以说翻译规范的研究经历了传统语言学框架下的翻译规范研究到功能语言学框架和描写性译学框架下的翻译规范研究。国外翻译规范的研究也经历了从静态到动态，从语言学到社会文化、意识形态，从早期以译本为出发点研究逐渐向影响翻译活动的社会文化因素等视角转换的过程（仝亚辉，2009）。

20 世纪后半叶，随着语言学和应用语言学的发展，对翻译较有系统的研究开始了。翻译研究被认为是语言学的一个分支，语言学派典型的代表人物卡特福德（Catford，1965）把翻译界定为：用一种语言（译语）中相等值的文本材料来替代另一种语言（源语）。源语和目标语之间的差异归因于两种语言系统之间的差异。

翻译的任务是找出两种语言在内容、风格、效果等方面完全一致之处。他们提出了很多的翻译方法，如维纳（Vinay）和达尔贝勒纳（Darbelnet）1958年提出的七种翻译方法，以及纽马克（Newmark，1988）总结的翻译的十多个步骤。这些语言学派的学者一方面关注源语和目标语的语言规范，也即如何按照特定的规则和规范来产生正确的译本；另一方面，他们又进行语言比较研究，发现两种语言系统之间的关系和规律，总结了一套翻译规则让译者去遵守，这套规则也可以称为翻译规范。这种研究是规定性的，而不是描述性的。

但此种研究也存在缺陷，因为它侧重研究语言差异问题，忽略了翻译与社会文化、意识形态的关联。翻译不单单是语法形式的翻译，也具有特定的交际功能。按照语言系统的规则选择的目标语形式可能是正确的，但这并不意味着译本一定能实现它在译语文化或语境下的交际功能。这种从对比语言学的角度来研究翻译规范的局限性，促使翻译规范的篇章语言学研究应运而生。

20世纪70年代，伴随着功能语言和篇章语言学的兴起，翻译研究得到了发展。篇章语言学将文本界定为交际的基本范围和研究的主要目标。对翻译来说，这意味着文本被视为翻译的基本单位，翻译不再是语言符号之间的转换，而是重新建构文本。所以翻译的重心转向了产生文本。源语和目标语之间的差异不仅仅体现在字句结构上，而且反映在超越句子的规律上。翻译规范研究中将翻译的转换单位从句子上升到篇章层面。译论者把文本按不同的规律分成不同的类型。赖斯（Reiss）将文本划分为三种类型：信息文本（着重于内容和信息）、形式文本（着重于语言形式）和呼吁文本（着重于对读者发出呼吁）。翻译主要是受原文中居于支配地位的某种功能的制约。纽马克（1988）则根据不同的内容和文体，将文本分为表达功能（Expressive Function）、信息功能（Informative Function）和呼唤功能（Vocative Function）等，并根据不同的文本类型提出翻译准则。

20 世纪 70 年代后期，"翻译研究学派"也即描写性译学，在以色列和欧洲的一些国家兴起。该学派学者主要研究译本产生的文化背景，以及译本对目标语文化中的文学规范和文化规范所产生的影响。其中探讨翻译规范理论的代表人物有图里、赫曼斯和切斯特曼等。图里认为，翻译是一种社会行为，翻译规范是内在化了的规则，体现某一社会共享的价值观念对行为的制约。翻译过程中的所有决策主要是受规范的支配。翻译规范在某种程度上可说是译者们在两种不同语言、文化、篇章传统规范之间取舍的产物（Toury，1995）。他区分了三种翻译规范：初级规范、起始规范和操作规范。翻译规范具有两大内在特征，即社会文化的特殊性和不稳定性。社会文化的特殊性是指一种规范不必要也不可能在同一社会的不同行业或跨越不同文化而得到相同程度的应用。若有相同，也只是巧合而已。在一种文化中，不同的亚系统或不同的文化系统之间的接触和交流的结果可能产生某种巧合，相同、相似是交流的结果。所谓不稳定性意在强调变化。不稳定性并非由规范内在的缺陷决定，而是由规范的本质所决定的，所以规范的变化有时相当迅速，有时相当缓慢。

图里的翻译研究是描述性的翻译研究。他希望通过对翻译规范认识的不断积累，可以系统地陈述可能的翻译方式，最终得出翻译的普遍规律。图里借鉴了佐哈尔多样系统的概念,把翻译规范的研究置于目标语文化系统之下,因此他的理论既是描述性的,又是以目标语为指向的。随后赫曼斯(1996)和切斯特曼(1997)等不断完善翻译规范研究。

翻译研究学派的规范研究意义显著,主要体现在三个方面:一是翻译规范研究为我们解释一些翻译现象提供了一个理论框架和工具。译者在翻译过程中为什么采取这样或那样的翻译策略,为什么作出这样或那样的决定,翻译规范概念的引入为我们提供了一个可行性解释。二是翻译规范研究对具体的翻译实践有指导意义。描述性翻译规范研究的最终目的是建立翻译的普遍法则(General Laws),这种抽象的普遍法则本身即是一种规范,可用于指导翻译实践。三是规范研究拓宽了翻译研究的领域,为人们更深入地思考翻译现象、最终合理解释各种翻译现象打下了基础。

20世纪70年代以来,翻译规范研究发生质的飞跃,研究性质从规定性转变为描述性,研究层次从句子上升到语篇、超语篇水平,研究范围从语言规范扩大至超语言规范。由于其自身的局限性,现阶段翻译规范的对比语言学研究和篇章语言学研究虽然仍在进行,但已式微;而翻译研究学派的规范研究方兴未艾,且呈现良好的发展势头。

## 2.1.3 翻译规范的不同分类

有关翻译规范的分类,图里、切斯特曼和诺德等人提出了各种不同的分类,他们分类的出发点、角度和标准各不相同,划分的结果既有重叠也有各自的特点。为了便于比较,我们制作了这三个学者的规范分类表,如表2-1所示。

表2-1 图里等人有关翻译规范的分类表

| 姓名 | 规范1 | 规范2 | 规范3 | | | | | |
|---|---|---|---|---|---|---|---|---|
| 图里 | 初始规范 | 初步规范 | 操作规范 | | | | | |
| | 充分性或可接受性 | 翻译政策和直接度 | 对翻译文本结构的决策 | | | | | |
| | | | 结构规范 | | | 篇章语言规范 | | |
| | | | 翻译文本的完整性和段落结构 | | | 具体翻译文本的生产 | | |
| 切斯特曼 | 社会规范 | 伦理规范 | 技术规范 | | | | | |
| | | | 期待规范 | | | 专业规范 | | |
| | | | 语法期待 | 语义期待 | 语用期待 | 责任规范 | 交际规范 | 关系规范 |
| 诺德 | | 组成规范 | 调整规范 | | | | | |
| | | 特定文化群体对翻译概念化 | 调节处理文本内部的翻译问题的总体方式 | | | | | |

图里将翻译规范区分为初始规范(Initial Norm)、初步规范(Preliminary Norm)和操作规范(Operation Norm)。初始规范决定译者整体的翻译策略和文本的选择,同时,制约译者在忠于源语还是忠于目的语的两极之间进行选择,前者称为"充分性"翻译(Adequacy),后者称为"可接受性"翻译(Acceptability)。初步规范涉及关于翻译政策的考虑和翻译直接性考虑,前者是指影响或决定作品的选择因素,后者是指是否接受从另外一种语言而不是源语进行翻译。操作规范控制着翻译活动中译者所作的实际决策,这一规范又可细分为结构性规范(Matricial Norm)和"篇章—语言规范"(Textual-Linguistics Norm)。结构性规范决定译文

的宏观结构，比如是全部还是部分翻译原文等；篇章—语言规范影响译文的微观结构，比如句子结构、词汇的选择、斜体及大写的应用等（Toury，1995）。

切斯特曼对翻译规范的分类略有不同。切斯特曼把翻译规范区分为社会规范、伦理规范和技术性规范。社会规范调节着人与人之间的合作；伦理规范指译者在翻译过程中应努力表现"明晰、真实、信任与理解"的价值观念（Chesterman，1997）。技术性规范区分为专业规范和期待规范两种。其中期待规范决定专业规范，期待规范是指目的语社区对译文的期待，即目的语中特定受众对目的语系统中翻译应该具备的特征期待（Chesterman，1993）。期待规范可以细分为句法期待规范、语义期待规范和语用期待规范（Chesterman，1993）。读者的期待部分地受到目的语文化中盛行的翻译传统的制约，部分地受到目的语文化中类似文本类型形式的制约，同时也受到经济、意识形态因素、同一文化及不同文化间权力关系的影响。切斯特曼的专业规范指的是"社会公认的权威专业译者所制定的规范"，即对翻译产品的规范，负责指导翻译过程中采取何种方法和策略。按照规范的功能将专业规范划分为三种更具体的类型，这些专业规范的作用是协调译者、原文作者、委托人、读者和译文与原文之间的关系。其一是"责任规范"，这是一种道德规范，指译者对其他三个关键因素的忠诚，即译者应当忠于翻译任务的委托人、忠于自己以及客户和/或预期读者；其二是"交际规范"，指译者与其他三要素之间为了有效交流而必须遵守的规范，是一种社会规范，译者应致力于使参与交际的各方获得最大限度的成功交际；其三是"关系规范"，实质上是一种语言规范,指译者应当"确保源语文本与目的语文本之间达到适当程度的相关类似性(Relevant Similarity)"。原文必须和译文保持一定的关系,这种关系是建立在译者对其他三要素的意图和期待的理解基础上的。为此译者应就"文本类型、委托人的意愿、原作者的意图以及预期读者的需求"进行判断(Chesterman,1993)。

诺德将翻译规范分为"调整规范"(Regulative Norms)和"组成规范"(Constitutive Norms),前者指在文本层次上的翻译方面和翻译行为,后者指特定社会认为"翻译"的组成要素,即翻译不同于"编译"或"改写"的特征。诺德认为,组成性规范"决定某文化社区如何看待翻译",调整性规范处于组成性规范内部,受其制约,"总体上支配在文体层次下处理翻译问题的已接受的方式"(Nord,2001)。

我国学者胡显耀(2006)在综合上述翻译规范分类的基础上,结合语料库翻译研究,提出了自己的翻译规范分类。胡显耀认为,翻译规范应该区分为外部规范和内部规范,如表2-2所示。

表2-2 翻译规范分类

| | | |
|---|---|---|
| 外部规范 | 选择规范 | 制定翻译政策;对翻译文本、语言、译者的选择 |
| | 期待规范 | 传统化期待 |
| | | 陌生化期待 |
| 内部规范 | 义务规范 | 译者履行对作者、读者和代理人的义务 |
| | 交际规范 | 译者确保作者、读者和代理人的有效交流 |
| | 操作规范 | 词语操作规范 |
| | | 句法操作规范 |

首先，以规范的主要制定者区分为外部规范和内部规范。外部规范指读者和社会机构制定的翻译政策和对翻译性质的总体期待，包括选择规范和期待规范。选择规范是指对翻译文本、翻译的源语和译者的选择；期待规范是以指读者对翻译文本性质的总体期待，即特定文化群体对翻译的概念化，主要包括两种不同指向的期待，即传统化期待和陌生化期待。内部规范是指由专业翻译领域内公认的权威制定的规范，包括义务规范、交际规范、操作规范三种。义务规范指译者在翻译过程中对读者、作者和代理人负有忠诚地履行翻译行为的义务；交际规范是指译者在翻译规程中应当保证通过翻译使作者、读者、代理人之间有效地交流；操作规范是最根本也是最重要的规范，指负责处理原文与译文、译文与译语语言文化关系的规范。按照操作规范针对的不同语言层次，进一步区分为词语操作规范、句法操作规范和篇章操作规范。篇章操作主要跟具体文本类型有关，与翻译本身的关系较小，故本书只区分前两者。

## 2.1.4　国内翻译规范研究

我国的翻译规范研究经历了引介国外研究成果（移植）、评价相关理论（消化）、运用翻译规范研究中国翻译（本土化）三个阶段。

在引介移植阶段，以赵宁等为代表，赵宁（2001）探讨了图里翻译规范的基本问题，并指出图里研究的目的不在于制定翻译规范，而是通过对译本的研究，寻找译者应遵循的规范。图里认为翻译规范来源于篇章内和篇章外，规范是描述性的而非规定性的，它既是共时的也是历时的，掌握它是在社会文化背景下成为一名称职译者的前提。孙艺风、张南峰、李德超等人关于翻译规范的本体研究也具代表性，他们较为关注"翻译规范"概念的本质和嬗变，孙艺风（2003）关于翻译规范和主体意识关系的讨论、张南峰（2008）对于多元系统论中规范概念的阐释、李德超（2005）对于翻译转移的探讨都是这类研究的代表。

评价消化阶段，从事理论研究的学者大多在引介国外理论的同时，挖掘翻译规范对于中国翻译研究的现实意义，代表人物为林克难、廖七一、韩江洪和傅敬民。这类研究以林克难（2001，2006，2008）关于翻译规范研究和描写研究的思考、韩江洪（2004）对国内外翻译规范研究的综述、傅敬民（2013）对于全球化背景下中国翻译规范的探讨最具代表性。他们将西方的翻译规范理论引介到国内，这种引介不仅是将翻译规范论的主要观点或者代表人物介绍到国内，而是具有中国学者自己对翻译规范论的思考和评价。

本土化阶段，不少学者运用翻译规范论探讨和解释翻译实践。汤随（2016）运用规范化理论解释和探讨葛浩文英译《娃》的翻译实践，认为翻译规范论能够解释葛浩文的翻译实践。读者的预期规范和选择规范在一定程度上制约着翻译家的文本选择和翻译实践。汪警（2014）在图里的翻译规范论指导下比较了《骆驼祥子》三个英译本，并指出翻译规范论对于翻译作品的评价有一定的指导意义。李宁（2016）运用切斯特曼翻译规范论探讨了 *The Murder of Roger Ackroyd* 三个中译本。这些都是中国学者借鉴和运用翻译规范论开展的翻译实践研究，一方面指出了翻译规范论较强的指导翻译实践价值，同时对翻译规范论存在的缺陷和不能解决的问题提出了使其完善的观点。目前这方面的文献甚多，翻译规范指导下的翻译实践研究，译文比较研究正方兴未艾，尤其以翻译专业博士、硕士论文居多（顾洁，2021；陈勇，2020）。

## 2.1.5 翻译规范研究述评

翻译规范论为解释翻译现象提供了一套新的理论框架和方法，拓宽了翻译研究的领域。它克服了语言学翻译理论将翻译剥离社会文化环境的局限，将翻译行为还原到真实的社会文化环境中去，通过翻译行为的规律性和其他的社会文化参数来描写社会文化对翻译的制约。翻译规范论对翻译的社会性研究不仅在内容上丰富了当代翻译学，而且提供了一种全新的研究视角和方法。

然而，作为一种新的理论，翻译规范论也招致了一些批评和质疑。首先，翻译规范是否存在。规范的存在是一种假说、发明还是事实？如果规范仅仅意味着对译者的制约，这是否是对译者主体性的嘲弄？其次，部分学者批评规范论所得出结论不过是众所周知的事实而已，不能给予其他研究者新的启发。最后，翻译规范论，从规范的界定到研究方法还存在许多需要弥补的缺陷，例如，如何从翻译事实中寻找规律，这些规律是怎么反映翻译规范的，等等。

上述有关翻译规范的研究和介绍，无疑为本研究的开展奠定了坚实的基础，但还有以下方面有待加强：首先，研究对象有待拓展。国内的翻译规范研究偏向小说、诗歌、散文等文学翻译，较少涉及旅游翻译、法律翻译、商务翻译等应用型文体。由于两类文本的目的和读者迥异，其翻译规范很可能出现较大差异。将翻译规范理论引入应用翻译领域，这是国内翻译规范研究的趋势之一。其次，研究方法和研究范式有待继续更新。近年来，随着语料库研究的兴起，部分研究开始从定性研究转向定量加定性研究，但是实证研究的比例仍然不高，较为系统的研究范式尚未形成，学界对译文语言特征的描写不够细致，词汇、句法乃至语篇层面的操作规范均有待深入探讨。最后，研究内容和研究视野亟须拓宽。关于国外翻译规范理论对我国外宣翻译的适用性、翻译规范与描写范式在不同语言维度的有机结合、不同语种的外宣翻译规范的异同等问题的思考，仍然是有待开垦的领域。红色旅游外宣翻译能够为这些领域提供较好的参照对象。

　　面对这些质疑，研究者提出，借用语料库翻译研究开展针对具体体裁语篇的翻译规范研究不失为翻译规范研究新的视角，一方面可以深入挖掘文本背后的翻译规范，另一方面也对翻译现象的阐释提出了新的视角。

## 2.2 红色旅游外宣翻译

随着红色旅游的蓬勃发展和红色旅游国际化进程的不断加速，红色旅游外宣翻译逐渐进入学界的研究视野，相关研究也取得了一定的进展。在中国知网上搜索相关文献可知，近20年来（2002—2021），与红色旅游外宣翻译有关的论文有230多篇，其中外语类核心论文12篇，博士论文2篇，硕士论文55篇，且文献数量呈逐年提高的趋势。分析显示，国内相关话题的探讨始于廖洪中（2002），他首次提出红色旅游翻译不同于绿色游、古色游、地方游等翻译形式，应该视作一个独立的研究类别。邓显奕、邓大飞（2008）关于红色旅游景区解说词翻译的讨论，正式拉开了红色旅游外宣翻译研究的序幕。此后，研究者开始关注这一领域存在的诸多问题，并从不同角度阐述翻译对策或翻译策略。除极少数研究讨论法语译文外，绝大部分研究聚焦于英译文本。由于红色文化的特殊性，国外学界尚无相关文献。下面对红色旅游外宣翻译近年的研究成果进行梳理与反思，以期对这一领域的深入探索有所启示。

### 2.2.1 红色旅游外宣翻译理论及实践研究

近20年是我国红色旅游外宣翻译研究迅速发展的时期。通过对已有文献进行梳理，可以将红色旅游翻译研究归纳为以下三个方面，即红色旅游翻译对策研究、策略研究和词汇翻译方法研究。

首先，从红色旅游翻译对策研究看，对策研究较为关注人才培养、政府扶持、技术规范等影响红色旅游外宣文本质量的宏观因素。这类研究大多在分析外宣译文现存问题的基础上，提出相应的解决方案。研究显示，长期以来红色文化外宣翻译未能受到应有的重视，各地的译文质量堪忧，文本缺失、语义失真、用法失误等问题较为普遍。针对这些问题，彭端英（2008）首次指出红色旅游外语人才培养的必要性。以此为基础，王湘锦（2013），王燕、喻爱华（2015）和彭凤英（2016）分别对红色旅游外宣翻译教学的具体模式进行了探讨。此外，吴翠（2009）还系统提出了构建红色旅游翻译教学质量评估体系、建设红色旅游英译文本语料库等解决方案。董爱智（2012）进一步指出，政府及媒体关注度不足、英汉语言差异、翻译标准缺失是导致红色旅游翻译质量不高的主要原因，除人才培养外，加大政府支持力度、制定技术规范等手段也有助于提升翻译质量。

其次，从红色旅游翻译策略或原则研究看，与宏观层面的对策研究不同，翻译策略或原则研究更为关心翻译技巧、翻译手段、翻译原则等影响文本质量的微观因素。策略或原则研究可以归纳为两个方面：传统翻译策略或原则研究和规定性翻译策略或原则研究。传统翻译策略或原则研究多为单纯的翻译技巧探讨，即在总结红色旅游文本特点的基础上指出存在的各类失误，进而提出具体的翻译方法或技巧。例如，周幼雅、肖永贺（2013）发现红色旅游文本具有叙事性强、政治成分多、文化内涵丰富的特点，他们因而提出直译法、意译法和变译法等翻译方法。彭凤英

（2016）认为，仿译、改译和减译等方法可以提高翻译质量。钟俊、张丽（2010）提出以外国游客为中心、"拿来主义"和"译与不译"等公示语翻译原则。值得注意的是，由于学界在 20 世纪对直译、意译、增译、减译等翻译方法讨论较多，传统策略或原则研究并不对具体的翻译方法进行专门的理论探讨，而是将现成的翻译策略直接应用于外宣翻译研究。正如司显柱（2002）所言，这类研究拘泥于源语与目标语之间的形式对比，不太重视影响翻译过程的非语言因素，因此可操作性不强。

随着时间的推移，学界开始意识到传统翻译研究的缺陷，红色旅游翻译理论研究逐渐将视野从语言之间的形式对比转向翻译过程的制约因素，研究者开始思考文本功能、译者地位、原文意图等因素对翻译技法与原则的影响。而 20 世纪 70 年代涌现的功能主义、生态翻译学、跨文化交际和文化传播学等诸多理论，恰好为这一转向提供了必要的理论基础，规定性翻译策略或原则研究日益兴起，并且呈现出方兴未艾的态势。

在诸多理论中，德国功能翻译理论尤为引人注目。该学派认为翻译是一种"以文本功能为导向的跨文化活动"，主张译者充分考虑文本的特殊功能、目标语读者对译文的期待、委托人对译文的要求等多种因素。功能主义理论的代表人物是赖斯（Katharina Reiss）、弗米尔（Hans J.Vermeer）和诺德，无论是赖斯的文本类型理论、弗米尔的目的论还是诺德的功能加忠诚理论，均属于这一流派。最早将功能学说引入红色旅游翻译分析的研究者是邓显奕、邓大飞（2008），他们认为红色旅游英译解说词兼具表达、号召和信息三种文本功能，并且三种功能没有明显的侧重。肖群（2010）持不同观点，指出红色旅游汉语文本侧重呼唤功能，外宣文本侧重信息功能。他首次借助功能翻译理论对红色旅游文本的特点、译文失误和译文标准进行系统分析，结果发现，汉英红色旅游文本的功能分布和实现方式存在较大差异（前者侧重描述和表情功能，后者侧重信息、诱导和建议功能），它们在信息焦点和实现诱导功能方面也不尽相同。付艳丽（2014）则从写作目的、旅游环境、文本特征等方面进行剖析，提出忠于目的、选择适当的表达方式、把握主要信息等翻译策略。与此类似，王燕、欧求忠、喻爱华（2014）提出突出核心信息、适当增删、考虑读者接受能力等翻译原则。还有部分学者立足地方，运用功能理论对湖北省红安、云南昭通和沂蒙地区红色旅游文本的文本功能进行分析，如夏琳（2011），张建英、闵西鸿（2011）和王晓旭（2012）。

与功能主义对目标语读者的重视不同，生态翻译学仅将读者视作翻译生态环境的一部分，该理论更为关注译者在翻译过程中的中心地位，强调翻译过程的生态整体性。作为一种生态学视角下的翻译研究，该理论将翻译过程解读为译者在翻译生态中的选择和适应。具体来说，翻译原则可以分为多维度的选择性适应与适应性选择；翻译方法是语言维、交际维和文化维三个维度的转换；评判译文质量时需要综合考虑多维转换程度、读者反馈和译者素质等因素，最佳翻译是"整合适应选择度"最高的译文（胡庚申，2018）。最早将生态翻译学用于红色旅游外宣翻译研究的学者是刘彦仕（2011），他提出红色文化外宣翻译的译者应该注意语言维、文化维和交际维三个维度的适应性选择转换。后续研究大多采用同样框架分析某个地区的红色旅游英译文本。例如胡雁群(2013)结合湖南红色旅游景点公示语的翻译实例进行分析,得出不同类型的公示语由于所处的翻译生态环境不同,转换时三个维度应该各有侧重的结论。同样基于三维转换的视角,还有一些研究者以韶山、西柏坡和辽宁红色旅游文本的英译为例,研究如何在不同维度进行适应性选择转换,如童婧(2014),王霞、王云(2015),王文彬(2016)。

另外,部分学者尝试将关联理论和顺应论等语用学理论用于解释红色旅游外宣翻译过程。关联理论主张译者需要根据原文作者的意图和读者的认知环境等动态语境进行动态推理,推理的依据是关联性。刘茂玲(2016)证明了关联翻译理论能够较好地指导红色旅游外宣翻译实践,文化移植、文化注释和文化省略等翻译策略可以解决翻译中存在的文化缺省问题。顺应论的倡导者维索尔伦提出,言语交际过程是一个语言使用者在不同意识程度下对语言的内部因素和外部因素进行不断选择的过程,因此在解释包括翻译在内的语言现象时,需要充分考虑语境关系顺应、语言结构顺应、顺应的动态性以及顺应过程的意识程度。姚光金(2014)从顺应论的视角分析红色旅游外宣翻译,得出译者应该在准确把握原文的基础上有意识地对各种语境关系因素和语言结构因素进行动态顺应的结论。

最后,从红色旅游词汇翻译研究看,与策略研究不同,部分研究者开始回归文本研究,他们将研究重心转移到红色旅游译文上,其中词汇翻译研究成为关注的重点。由于语言交际主要由词语驱动,加之红色旅游外宣译文的用词特色较为鲜明,对词汇翻译进行探讨无疑是一个合适的切入点。词汇层面的翻译研究可以分为两个方面。

一是传统词汇翻译研究。这类研究主要对红色旅游外宣词汇进行分类并讨论相应的翻译原则。涂熙玲（2014）从文化层面讨论红色旅游文本的特色词汇翻译时，首次将其分为带"红"字与不带"红"字两类。邹琳（2015）随即将红色旅游文本中的文化负载词分为生态文化负载词、物质文化负载词、社会文化负载词、宗教文化负载词和语言文化负载词等五大类。这种根据内容的分类方法具有一定的合理性，但是生态文化负载词与宗教文化负载词似乎与红色文化的关系不大，其他三类词汇在红色文化中的重要性未能凸显。研究者因此缩小研究范围，将研究重点放在以人名、组织机构、地名等专有名词为主的文化词汇上，得出词汇翻译应该遵守权威性、正确性、规范性和一致性等原则的结论。

二是描写性词汇翻译研究。这类研究试图通过源语与目标语的文本比较、收集目标语读者意见等实证方式客观描写红色旅游外宣文本的词汇特征，从而揭示词汇翻译的本质和内在属性。周晔（2016）通过考察"抗日"一词的多种译文以及外国读者对译文的反映，发现读者对于同一译文的理解出现较大差异，研究者因此提出核心词汇需要根据语境调整翻译的观点。横向对比与读者访谈两种方法的交替使用为红色旅游外宣翻译研究提供了新的思路。徐睿（2017）更为关注外国读者的反馈意见，她发现由于译者对外国读者和文本功能认识不足，红色外宣译文的语言（包括词汇）存在诸多问题，这一研究体现了读者意见在红色旅游外宣翻译研究中的重要性。邓晓宇、胡小婕、宋长健（2015）

通过自建语料库对比了红色旅游文本与欧美革命战争旅游文本的词汇特点，结果显示，与欧美文本相比，红色旅游文本的实意词较多、难度更大，用词相对贫乏，内容方面更偏重介绍历史事件和相关人物。他们的研究开始涉及红色旅游外宣文本的宏观词汇特征，是语料库语言学用于红色旅游译文分析的一次有益尝试。

### 2.2.2 红色旅游外宣翻译研究述评

上面的综述可以看出，红色旅游外宣翻译研究已经取得了一定的成果，但是现有文献的研究基础较为薄弱，它们在研究对象、研究方法和研究视角等方面还有较大的提升空间。

首先，从研究对象看，对于红色旅游外宣翻译研究对象的界定尚未统一。目前的研究对象主要包括红色旅游外宣文本和红色景区公示语两大类。前者亦被称为红色旅游英译景介、红色文化旅游资料/文本或红色旅游导游词/解说词。这类文本以传播红色文化为主要目的，文本内容具有政治色彩浓厚、文化内涵丰富的特点。后者又分为狭义和广义两类。狭义的公示语（或称提示语、标识语）指的是为外国游客提供红色旅游服务或规范其行为的语言文字，包括路标、路牌、指示牌或警示语；广义的公示语除上述内容外，还包括红色旅游景区的简介。公示语大多简明扼要，具有指示、限制、强制等功能。不难看出，红色旅游外宣翻译的研究对象应该是以景点推介为核心的红色旅游外宣文本（包括景点介绍类公示语），这类文本具有政治性和文化性较强的特点。提示性或限制性公示语虽然属于红色景区宣传语的一部分，但是它们并非红色景区独有，也不具备红色旅游文本特有的叙事功能和文化内涵，因此并非这一领域的研究重点。部分研究没有明确区分红色旅游外宣文本与公示语，导致研究本体不够清晰，结论的可推导性不强，如钟俊、张丽（2010），周幼雅、肖永贺（2013）。

虽然学界已经出现了针对红色旅游外宣文本的语言本体分析，但是这些研究普遍存在样本量过小或者语料库描述不够明确的问题。研究层面停留于少数特色词汇或简单的词汇特征，缺少对核心词汇的规范化和词语搭配特征等问题的深层思考。研究者倾向于对特定区域的具体语篇进行分析，对外宣文本的宏观语言特征关注不够。部分学者虽然指出汉英红色旅游文本的句法结构和写作风格存在较大差异，但是他们未能对具体差异进行系统描述。至于红色旅游文本的篇章乃至修辞特点，更是无人问津。未来研究需要以核心词汇为突破口，对红色旅游外宣文本的句法、篇章和修辞进行深入探讨。

其次，从研究方法看，纵观近 20 年的红色旅游外宣翻译文献，除极个别研究外，绝大多数研究以文献研究法为主，辅以简单的观察法。而实证研究法、个案研究法、统计分析法、访谈法等定性、定量的研究方法极少被研究人员所采用，研究方法的科学性没有得到应有的重视，定量研究尚未大规模出现，数据描写的客观性也有待商榷。简而言之，红色旅游外宣翻译研究出现实证研究奇缺、描写不够客观的问题，语料库翻译学的出现为学界走出这一困境提供了新思路。语料库语言学是一种以概率统计为手段、以大量的真实翻译实例为基础的实证性、描写性译学研究范式。在红色旅游外宣翻译研究中，语料库翻译学不仅可以帮助研究者在汉语原文和目标语文本的参照下描写与解释外宣文本的语言特征和使用规律，进而探讨源语、外宣译文与目标语之间的共性与特性；也可以用于分析外宣文本的翻译规范、译者风格或汉语—目标语转换规律。未来的红色旅游语料库研究可以分为基于语料库和基于数据驱动的红色旅游译学研究两类，基本做法是通过建立汉语—外宣文本平行语料库和译文—类似体裁的目标语可比语料库，从词类分布和词汇搭配的角度探讨词汇特征，从形式构成讨论句法特征，从分句特征和特定句式分析语篇特征。值得一提的是，虽然部分研究者意识到红色旅游语料库建设的重要性，但是学界尚未深入讨论红色旅游语料的来源及性质、语料的代表性和取样的平衡性等具体的建库原则，也未探讨进行语言特征研究时，如何将抽象的构念、具体的操作性定义与语料库分析中的各类技术指标进行对应，这些问题均有待解决。

另外，从研究视角看，学界已经意识到忽视理论构建对学术视野的影响，研究者开始尝试从不同角度对外宣翻译的功能、特点、原则和策略进行阐释。所用的理论框架不仅有翻译目的论和归化/异化理论等传统翻译学理论，也有生态翻译学、翻译规范化理论等现代翻译学理论；不仅有语用学、文本类型学等语言学理论，也有传播学、跨文化交际等非语言学理论。红色旅游外宣翻译研究开始呈现跨学科的发展态势，其中功能主义由于理论较为成熟，仍然占据了半壁江山。令人遗憾的是，这一领域机械运用理论的现象较为普遍，部分研究的理论基础与译文分析结合不够密切，翻译理论对分析过程的指导性不强。与此同时，大部分研究者侧重分析外宣文本，对原文文本、原文作者、目标语读者的关注不够。以广泛运用的功能主义为例，虽然该流派强调目标语读者在翻译过程中的重要性，但是在实际研究中，鲜有学者询问读者关于红色旅游英译文本的意见。另外，除生态翻译学外，以中国哲学为基础的理论较少，部分研究框架对于红色旅游外宣翻译的适用性有待商榷。

为了扭转这一局面，研究者有必要系统学习拟采用的理论框架，加强对原始文献的理解以及与对国外研究现状的完整把握，重新思考如何将理论框架与译文分析进行有机结合，或者批判性思考西方翻译理论对红色旅游外宣翻译的适用性，考虑构建新的理论框架。此外，红色旅游外宣翻译研究需要增加研究维度，拓宽研究视野。除外宣文本外，还可以考虑原文文本、原文作者、译者、外宣文本读者等内部因素，以及意识形态、权力关系等外部因素对翻译过程的交互影响。除语言学和翻译学外，还可以从修辞学、叙事学、社会学等学科汲取营养，从不同角度对红色外宣翻译进行阐释。例如将红色外宣翻译置于全球化的大背景，结合"一带一路"倡议，从树立国家形象的角度进行思考。本书在梳理近 20 年研究现状的基础上，从研究对象、研究方法和研究视角等方面对红色旅游外宣翻译研究进行了述评。由于这一领域的研究刚刚进步，还有其他很多问题值得思索，例如外宣文本的海外传播、外宣翻译质量评估体系的构建等，本书无法逐一讨论。红色旅游外宣翻译是一个与语言学、翻译学、传播学、跨文化交际理论密切相关的研究领域，未来的研究除了聚焦外宣文本，还应该从不同角度进行深入讨论，这样才能为红色旅游外宣翻译研究提供更为开阔的视野和更为行之有效的研究方法。

## 2.3 小　　结

本章全面梳理了有关翻译规范研究和红色旅游外宣翻译研究的历史及研究现状,指出了这两方面的研究目前存在的作为空间,并进一步探讨了这两方面研究的交叉与融合的可能性和必要性,为后面的研究作出了铺垫。综述表明,翻译规范研究虽然经历了不同的历史阶段,研究成果也不断丰富,但是真正深入描写具体体裁,如红色旅游景区英译文本的等翻译规范的研究甚少。而红色旅游外宣的研究虽然成果众多,但是运用翻译规范这一视角探索红色旅游外宣文本的研究凤毛麟角,二者的结合无疑提供了很好的研究空间。正是基于上述思考,本研究才得以顺利开展。

# 3 红色旅游景区英译文本翻译规范研究

本章在上一章综述的基础上，探讨红色旅游景区英译文本的翻译规范。红色旅游景区英译文本翻译规范的研究，需要借助语料库的建立，语料库翻译理论和语料库语言学的分析方法和工具，二者缺一不可，相互补充。作为描写翻译学的翻译规范论，无疑是探索红色旅游景区英译文本翻译规范的理论基础，但是前人对翻译规范的研究，更多涉及的是翻译规范理论上的探讨，结合具体篇章体裁描写其翻译规范的例子甚少。从方法的角度看，语料库翻译研究也属于描写翻译学的范畴，语料库翻译研究在描写具体篇章体裁的翻译规范上，无疑能够提供很大的帮助。正是基于这种认识，本章以总体翻译规范、具体翻译规范假设、语料库数据验证、翻译规范讨论为概念逻辑链，以红色旅游景区英译文本的外部规范和内部规范为思考中心，分析、探索并解释这类文本的翻译规范及其背后的发生机理。

## 3.1 作为理论基础的翻译规范论

翻译规范论作为描写翻译学的重要组成部分,其主要观点是探索红色旅游景区英译文本翻译规范的重要理论基础。翻译规范论从规约性研究发展到描写性研究,为解释翻译现象提供了一套新的理论框架和方法,拓宽了翻译研究的领域,克服了语言学翻译理论将翻译剥离社会文化环境的局限。翻译规范论对红色旅游景区英译本翻译规范研究的指导意义,主要表现在以下几个方面。

首先,规范的存在是必然的。由于翻译行为存在恰当与否,所以才产生了对翻译行为进行指导的需求,也就产生了规范的存在。图里(1995)认为,译本中显示出来的规律性的翻译行为本身并不是规范,而仅仅是规范的外部表现,规范作为产生这些规律性的翻译行为的指导原则,则可以抽取出来。要研究翻译规范,首先要收集数据、分析数据,继而确立周期性的行为模式,然后作出假设,这些规律性的行为模式是规范控制的结果。翻译规范产生于翻译实践,需要从翻译实践中归纳出翻译规范,同时这种翻译实践并不是独立于社会之外的,翻译规范的探索和挖掘需要从宏观的社会各个层面,如意识形态、翻译者的选择,中介机构、出版机构等因素,全方位考察翻译规范。同时,一个社会、一段时期的翻译规范也指导着具体的翻译实践,任何翻译实践不是独立于社会之外的,因此也会受到翻译规范的制约。探索红色旅游景区英译文本的翻译规范，需要在大环境下，在翻译规范指导下，探索其具体的翻译规范，如选择规范、期待规范、操作规范等。

其次，翻译规范存在共时和历时之分。图里在谈到翻译规范的共时性问题时指出：在一个文化群体内部有时存在几种翻译规范并行的情况，每种翻译规范都有其追随者和所处的位置，有的规范位于中心，属于主流规范，同时存在着先前规范的残余以及崭露头角的新规范（居于边缘的位置）。图里说翻译规范领域也和其他行为领域一样存在着"流行的""过时的""发展的"规范；翻译规范存在历时性变化，某种翻译规范经过繁荣和衰落的历程后可能不再成为主流，在某些情况下，原来看来"怪异"的规范却流行起来，而越来越有约束力；原来具有约束力的规范却失去了力量，变得少见甚至在某种场合下是怪异的（Toury，1999）。规范的改变通常是由经验丰富、在业内具有威望的译者来引领的，当这种译者内化并接受了新规范，他/她就能够成为新规范的引领者（Toury，1999）。红色旅游景区英译文本的翻译规范的探究，需要从历时和共时的角度，借助合理的方法，结合充足的语料来开展。红色旅游景区英译文本的翻译规范是在新时代社会背景和中华文化走出去的背景下，开展的翻译实践中遵循的规范。当然，这些翻译规范也不是凭空设想的，而是不同时期翻译规范的相互制约、不断发展的规范。

另外，从翻译规范的内容看，是谁决定了翻译规范的内容？翻译规范不仅来自职业译者本身（并非个别译者，而是集体的译者），也来自读者。在两个群体之间的就是翻译的委托人，他们会把自己的规范强加给译者。这样译者、读者和委托人组成的群体相互作用就确立了规范的内容。对于独立译者来说，在其译文中找到符合规范的规律性作法，说明她/他的翻译是受规范制约的，但是他/她个人独立的翻译偏好（译者风格）则不属于翻译规范（Pedersen，2011）的内容。红色旅游景区英译文本的翻译过程必然受到普通规范的制约，同时也因其自身文本特点，遵循相应的特殊的翻译规范。毫无疑问，红色旅游景区英译文本的翻译过程中，同样受制于国外读者、政府部门、中间人、授权译者的制约。

最后，从翻译规范的分类看，图里将翻译规范分为预备规范、起始规范和操作规范三类，切斯特曼把规范划分为期待规范和专业规范，这些分类为翻译规范的研究提供了很好的借鉴。这些普遍性翻译规范对于指导翻译实践无疑具有重要作用，但是我们需要的是结合这些翻译规范，提出适合红色旅游英译文本的翻译规范的分类，探索翻译规范对红色旅游外宣翻译的影响，探索意识形态在规范中的体现。

以上我们从理论层面阐释了红色景区旅游英译文本的翻译规范探索所需要考虑的几个方面。虽然翻译规范理论在图里、切斯特曼等人的推动下取得了一定的发展，但是现有研究没有完全解释规范的来源、规范与普遍性的冲突等问题，加之研究方法不够完善，翻译规范理论仍有较大的发展空间。我们认为，在翻译规范宏观理论的指导下，探讨针对具体体裁和语篇翻译实践的翻译规范研究，一方面有助于对翻译规范的研究更加深入和更加具体；另一方面也可以检验翻译规范理论的应用性和可操作性，发现现有翻译规范的局限性和优缺点，并在实践中不断完善。也就是说，翻译规范理论一方面指导翻译的研究，另一方面需要在不同题材的翻译文本规范研究中不断完善。同时，具体体裁的翻译规范的研究，也有助于对总体翻译规范的提炼、归纳，也是翻译规范研究的趋势和新方向。

## 3.2 基于语料库的翻译规范研究

语料库翻译研究作为描写翻译学的重要分支对翻译规范研究具有独到的优势。不少学者，如贝克（1999）等人，在这方面作出了不懈努力。

贝克（1998）曾指出，"翻译研究的主要分析对象不是个别译文，而是一个彼此连贯的翻译文本库。"也就是说，在研究翻译规范时，尤其要了解某个时期的翻译规范，唯有通过对翻译互动的各个阶段进行客观的描写，从大量语料库中总结出这个时期占据主导地位的翻译规范，才可以更客观地归纳出当时的规范，真正体现描写译学的实证研究性质。20世纪90年代以来，语料库翻译学的快速发展，为翻译规范研究的发展，尤其是翻译规范研究方法论瓶颈问题的解决注入了新的活力。凭借语料库技术，完全可以实现翻译规范的规定性研究向翻译规范的描写性实证研究转型。在描写、分析和比较实际翻译语料的语言特征基础上，归纳出翻译规范，是翻译规范研究的重点。正如夏弗儿（Schaffner，2007）所指出，"我们的任务是通过语料分析，重构某一个群体，某个历史时期的翻译规范。规范是一个研究工具。通过对各个不同文化，不同时期翻译规范的研究，通过对文本和文本之外的材料（如译本序、跋）进行分析，通过反复出现的规律（Regularities）的描写，最终发现普遍翻译法则（Laws）。就是说，从'异'入手，最后达到'同'。"

翻译规范的存在，使得特定历史时期的翻译文本总体呈现某些具有一定规律性和倾向性的语言特征。这些特征不能靠研究者的主观感知和经验来猜测或者归纳总结，只能通过大量翻译文本的分析才可以识别。"翻译行为实际上是相对于某一特定译语而言的，因此翻译的语言特征就是指翻译文本相对于同一语言的非翻译文本或者原创文本的差异性特征，通过语料库语言学的方法可以识别这些特征并再现翻译规范。"（胡显耀，2006）

重构或者构建翻译规范需要有丰富的语料，而且语料要有一定的代表性。利用语料库进行实证研究，一般遵循的基本路径为：提出假设，搜集和分析真实语料，验证假设，最后得出结论。胡显耀（2006）指出，翻译规范理论与语料库翻译研究的结合点在于：前者为语料库方法提供了合理的理论框架和明确的研究目标，而后者为翻译规范提供了自上而下的，从描写到实证的，对大量文本进行研究的方法。规范、假设与语料库的联系是双向的，语料库实证研究验证假设是否成立，而假设的成立与否直接关系到某个翻译规范的状态。

简言之，语料库在翻译规范研究中的运用具体表现为：在比较翻译文本和源语文本的基础上，总结出译者具体翻译行为所受到的约束，即不成文的规定。此外，语料库的应用还表现在，利用语料库分析具体语言对应的翻译语言特质，一起揭示翻译规范。运用相关语料库，尤其是翻译语料库，可以研究具体语言对应的翻译文本的语言特质及其背后的动因和机制。而研究翻译文本本身的语言特征，可以帮助我们更深入地理解影响具体翻译行为的约束条件，发现具体翻译语言特征背后隐藏的规范，以及影响这些规范生成的社会文化因素。从这个意义上说，开展基于语料库的翻译文本语言特征研究，可以为翻译规范研究提供有效途径。

贝克指出，用于翻译研究的语料库主要有两种，即平行语料库和对比语料库。平行语料库是指一种语言的原始文本和与之相应的另一种语言的翻译文本组成的语料库。对比语料库指由同一语言的两种不同文本组成的语料库。一种是这种语言的原创性文本组成的语料库，另一种是由这种语言译自一种或多种语言的翻译文本组成的语料库，二者在领域、语言、时间跨度和长度等方面相当。这两种语料库在翻译研究中的作用是不同的。贝克认为，对比语料库，将一种语言的原创文本与该语言的译自各种其他语言的翻译文本加以比较，使得研究者能够"识别翻译文本所特有的模式"（Baker，1998）。

平行语料库与翻译实践具有比较直接的关系。它可以是双语的，也可以是多语的平行语料库；可用于计算机辅助翻译教学、开发机器翻译系统和翻译记忆软件等。对翻译研究而言，平行语料库使研究者能够对比真实的翻译实例，通过对比原文和译文来研究语言转换的规律和特定时期特定语言之间的翻译规范。

尽管平行语料库为翻译实践和研究提供了真实的语言配对，原文与译文的对应可以用于研究翻译转换的规则，但是如果研究目标是描写翻译本身的特性，这种语料库的局限性就体现出来了。平行语料库一般只能收入原文的一种译文并加以"对齐"。限于原文与译文输入输出的不平衡性，翻译语料很难保证代表性。换言之，平行语料库收集的译文不一定能代表翻译文本的总体。因此，贝克认为平行语料库无法用于描述翻译文本本身特征，故对翻译理论的作用不大。她认为对翻译理论更重要的是对比语料库，即同一语言的翻译和非翻译语料组成的语料库。非翻译语料库由一种语言的原创性文本组成。如英国国家语料库（British National Corpus），可用于翻译教学，作为翻译质量评估的标准、术语提取等。翻译语料库由同一语言的翻译文本组成，如翻译英语语料库，这种语料库的主要用途就是通过与非翻译语料库的对比研究翻译文本的性质和特征。

上述两种语料库各有利弊，需要根据翻译研究目标，决定使用或者建立符合研究目标的语料库。语料库翻译研究一个重要的目标就是对翻译普遍性的研究，即研究译文而非原文中产生的典型的语言特征，这种特征被认为与翻译过程所涉及的特定语言对无关（Baker，1993）。也就是说，翻译普遍性是翻译文本本身的性质，这种性质是翻译行为作为两种语言间的中介过程所不可避免的副产品，而不是一种语言干涉另一种语言的结果。在弗罗理（Frawley，1984）等人的研究中，翻译被当作与原文完全不同的一种语言行为，这与所说的"第三代码"不谋而合。弗罗理认为翻译语言是一种独立存在的符号，它"具有自己的标准和结构上的前提与后果"（Frawley，1984）。

贝克等人提出用对比语料库来比较同一种语言中，来自不同源语的翻译文本和原创性文本，从而寻找其中的差别，这些区别性特征就是所谓的"翻译的特征"或翻译普遍性。普遍性的概念与翻译规范是不同的两个范畴，翻译普遍性是指翻译过程本身的特性，不同的语言和文化中的翻译行为会表现出相同的特质，即与语言系统无关，而翻译规范随着社会文化环境的改变而发生变化。翻译普遍性的主要表现是简略化、明确化、规范化、整齐化等（参见 Baker，1998/2001）。

图里（1995）也指出，翻译规范是与翻译普遍性不同的概念，它是"译者在特定的时间、在特定的社会文化环境下所作出的有规律性和习惯性的选择"。二者的区别在于翻译普遍性是翻译行为的普遍特征，在任何语言和文化之间进行的翻译都具有相同或相似的特征，而翻译规范是某一文化在特定时期的翻译行为的特征，它随着语言和时间的改变而改变。图里提出，通过识别翻译行为的规律性特征来研究翻译规范，而语料库方法显然可以用来发现这些特定文化中的翻译规范。

## 3.3 探寻红色旅游景区英译文本的翻译规范

鉴于上述事实,我们提出以"总体翻译规范、具体翻译规范假设、语料库数据验证、翻译规范讨论"为概念逻辑链,以红色旅游英译文本的外部规范和内部规范为思考中心,分析、解释这类文本的翻译规范。

我们将借鉴胡显耀(2006)的规范分类(见第 2 章),开展红色旅游景区英译文本翻译规范研究,主要出于以下考虑:一是这种分类是建立在图里、切斯特曼和诺德三人分类的基础之上,梳理了三位学者的分类各自优势和缺陷,综合提出的。二是胡显耀的规范分类结合了语料库翻译学的方法,在建立中文小说翻译语料库基础上提出,这种结合具体的体裁而提出的翻译规范分类,更加具有针对性和指导性。胡显耀(2006)提出,翻译的规范区分为外部规范和内部规范,其中外部规范次分为选择规范和期待规范,内部规范可以次分为义务规范、交际规范和操作规范。这些翻译规范分类,针对具体体裁的翻译文本研究,具有较强的指导作用和分析实践意义。近些年翻译规范的研究,也显示出聚焦具体体裁翻译规范研究的这一趋势,不少研究也借鉴了该分类方式,取得了较好的分析效果。

通过分析社会因素的影响和目标语读者的需求,从选择规范与期待规范两个方面讨论红色旅游英译文本的外部规范。选择规范主要研究各种社会规范因素对红色旅游外宣翻译的影响,例如我国的意识形态、政策法规、文化传统、翻译观念等因素对翻译策略的决定作用以及对译本、译者的选择。可以通过调查我国的意识形态、大政方针和文化传统等因素对红色旅游外宣翻译的影响研究选择规范。期待规范指目标语读者和社会对翻译性质和翻译策略的总体期待。期待规范包含读者对译文特征和风格的期待，目标语文化中盛行的翻译传统、意识形态等因素。本研究将通过目标语读者访谈、翻译理论研究、翻译评论研究等方式讨论期待规范。

从语料库翻译学的视角，对比红色旅游译文语料库和英语原文语料库，结合红色旅游英译文本的词汇和句法特征，探讨译文的内部规范（即操作规范）。讨论红色旅游英译文本的词汇是否遵循繁复和变异性的操作规范时，主要从文本的宏观词汇特征（如标准类符/形符比、平均词长、词汇密度、实词的词频和比例等）、文本中出现的异乎寻常的高频词，以及同一高频词在不同语料库的搭配差异等角度进行描写。讨论红色旅游英译文本的句法是否遵循繁复和变异性的操作规范时，主要从文本的句法特征（如虚词的词频及比例、复合句的使用）、平均句长和定语从句的使用等角度进行判断。

而对于红色旅游景区英译文本外部翻译规范的研究，同样需要借助语料库的工具进行分析。句法操作规范主要从显化和隐化、复杂化和简化，以及强化和弱化几个角度来进行探索。需要借助自建语料库、汉英平行语料库和英美历史文化景区语料库等开展比较，探索句法内部的差异性，以及由此引出的操作规范。

对于红色旅游景区英译文本语料库的建立，由于现有的语料库不能满足研究需要，需要创建小型语料库。语料库的建立根据研究目的，注重语料来源及其性质、语料的代表性和取样的平衡等方面，力求确保语料库翻译研究结果的有效性。同时，本研究还需要建立相应的对比语料库，以利于开展比较研究。建设语料库的目的在于研究翻译规范，因此需要明确规范研究中的语料库分析方法。探讨红色旅游英译文本的语言特征时，主要通过 AntConc 计算标准类符/形符比、词汇密度、词汇长度、平均词长和平均句长，利用 Lextutor 比较两类文本的词类分布，通过 Log-likelihood Calculator 检验两个语料库的词汇频数差异，确认异乎寻常的高频词与频数类似的词汇，并依照"词语搭配—类联结—语义倾向—语义韵"的步骤对后者的组合关系进行探究。分析类联结时，可以通过研究词类的共现关系讨论复合句和定语从句的使用。借助语料库分析工具，揭示红色旅游英译文本的规律性和倾向性的语言特征，对相应的翻译规范假设进行验证，进而剖析译文体现的社会化规律，探究翻译规范与翻译普遍性、主体意识之间的逻辑关系。

## 3.4 小　　结

前面回顾了翻译规范的发展历程，揭示了翻译规范存在的必然性、翻译规范的历时和共时性，阐释了翻译规范内容描述所包含的各个要素以及要素之间的关系，同时对翻译规范分类背后的基本理据进行了进一步的梳理，目的在于指出翻译规范与具体体裁结合的必要性和作为空间。

翻译规范的研究也需要在方法上不断更新。翻译规范涉及的是规则和条例类似的要素，要揭示这些语言现象背后的要素，一方面需要大量的语料作为佐证，提供数据的支撑；另一方面，也需要不断从历时的角度，考察翻译规范的更迭和发展。

正是在上述背景下，本章回顾了语料库作为翻译研究的重要工具，在翻译规范研究上所取得的成果。通过对语料库背景下经典翻译规范的研究分析和比较，我们提出了语料库背景下的中国红色景区英译文本的翻译规范研究。

# 4　语料库的构建

为了探寻红色旅游景区英译文本的翻译规范，我们建立了两个供研究使用的语料库，即红色旅游景区英译文本（汉英平行）语料库（以下简称红色旅游景区英译文本语料库）和英美历史景区英文语料库，同时也开展了两种语料库之间的比较研究。本章首先介绍两个语料库，即红色旅游景区英译文本语料库和英美历史景区英文语料库的建库目标、原则和使用工具等；然后再介绍对比语料库的基本特征，对比语料库主要由体裁相似、功能相同的目的语文本构成；最后，说明语料库分析工具的使用、基本数据的处理方法和工具等。

## 4.1　建库原则与过程

肯尼迪（Graeme Kennedy，1998）在《语料库语言学导论》（*An Introduction to Corpus Linguistics*）中详细讨论了语料库建设必须注意的三个基本问题：语料库的类型，语料库的代表（Representatives）性、平衡性（Balance）和语料库的规模（Size）。语料库的类型、代表性、平衡性和规模是建设语料库的过程中必须考虑的基本问题。研究者应当根据研究目的、需解决的问题和需要验证的假说等条件确定上述问题的答案，并设立一定的取舍标准。语料库的内容决定于研究的目的和问题，这是语料库建设中最重要的基本观点。在创建、使用和分析语料库数据时，我们也必须始终保持对语料库的成分和结构的清醒认识。

就类型而言，我们所建设的语料库的目的是"将翻译作为一种独特的交际类型，具备自身目标、局限和生产环境的现象"来研究翻译，因此红色旅游景区英译文本语料库属于一种小型的翻译语料库。就代表性和平衡性而言，"代表性"是指基于该语料库分析的结论能够推广到这种语言或其特定的部分。语料库研究者通常都希望语料库能够"代表"一种特定的语言或体裁。

就语料库的规模而言，对于代表一种语言这一无限总体的通用语料库来说，其规模越大代表性越高。现代计算机技术使建立超大型的数亿词的语料库成为可能，并且还可以不断增添新的语料。对于本书而言，书中主要涉及翻译语料库的语言特征描写，因而建立和获取大规模语料库是不可能，也不必要的。由于语料库主要针对的是有代表性的语料文本，因此在创建过程中，我们还必须面对是选取整个文本，还是对文本进行取样的问题。取样既可以按照一定的标准进行，也可以随机取样。

简而言之，红色旅游景区英译文本语料库的建设目的是引入语料库翻译研究方法，并进行具体的描写和实证研究。通过红色旅游景区英译文本与英美历史景区英语文本的词语和句法语言特征的对比，来探索红色旅游景区英译文本的翻译规范，为描述翻译学探索系统的、连贯的研究方法，同时为语料库翻译研究提供更广阔的理论框架。

红色旅游景区英译文本语料库的代表性、平衡性和规模，一直是我们考虑的重点问题。为了使红色旅游景区英译文本语料库更具代表性，我们采取了以下步骤：

第一，我们选择了国内有代表性的红色旅游景区 75 个。中共中央办公厅、国务院办公厅 2004 年年底印发的《2004—2010 年全国红色旅游发展规划纲要》，就发展红色旅游的总体思路、总体布局和主要措施作出明确规定，其中提出发展红色旅游要实现的六大目标之一，是重点打造 100 个左右的"红色旅游经典景区"。根据这个规划，我们同时参考了中国红色旅游网（www.redtourism.com.cn）相关经典介绍来选取红色景区。

第二，景区的选择还依据国内 AAAA 级及以上景区作为选择对象。入选国内 AAAA 级景区的标准确保了这些景区是具有一定影响的红色经典旅游景区，并且景区内的软硬件建设条件较好，景区均配备了比较完善的英汉双语（甚至中、英、韩、日）景区宣传资料。

第三，景区的选择还结合了地区平衡。一方面，按照我国地理区域划分为七个分区，分别是东北地区、华北地区、华中地区、华南地区、华东地区、西南地区和西北地区；另一方面，景区的选择又兼顾了不同省、自治区、直辖市的平衡。红色旅游景区英译文本来源如表4-1所示。

表4-1 红色旅游景区英译文本来源

| 序号 | 景区名称 | 序号 | 景区名称 | 序号 | 景区名称 |
|---|---|---|---|---|---|
| （一）东北地区（9个） | | | | | |
| 1 | "九一八"历史博物馆 | 2 | 四平战役纪念馆 | 3 | 铁人王进喜纪念馆 |
| 4 | 抗美援朝纪念馆 | 5 | 东北抗联博物馆 | 6 | 北大荒开发建设纪念馆（鸡西市） |
| 7 | 辽沈战役纪念馆 | 8 | 八女投江革命烈士陵园 | 9 | 满洲里红色国际秘密交通线教育基地 |
| （二）华北地区（13个） | | | | | |
| 1 | 董存瑞烈士陵园及纪念馆 | 2 | 中国人民抗日战争纪念馆 | 3 | 易县狼牙山风景区 |
| 4 | 文水县刘胡兰纪念馆 | 5 | 中国人民革命军事博物馆 | 6 | 唐县白求恩柯棣华纪念馆 |
| 7 | 灵丘县平型关大捷遗址 | 8 | 李大钊烈士陵园 | 9 | 卢沟桥 |
| 10 | 晋察冀军区司令部旧址纪念馆 | 11 | 西柏坡红色旅游系列景区 | 12 | 大沽口炮台遗址博物馆 |
| 13 | 平津战役纪念馆 | | | | |
| （三）华东地区（21个） | | | | | |
| 1 | 中国共产党第一次全国代表大会会址纪念馆 | 2 | 上杭县古田会议旧址及纪念馆 | 3 | 萍乡市安源路矿工人运动纪念馆 |
| 4 | 上海淞沪抗战纪念馆 | 5 | 长汀县福建省苏维埃旧址 | 6 | 井冈山红色旅游系列景区 |

续表

| 序号 | 景区名称 | 序号 | 景区名称 | 序号 | 景区名称 |
| --- | --- | --- | --- | --- | --- |
| 7 | 上海四行仓库抗战纪念馆 | 8 | 福州市马尾船政旧址 | 9 | 永新三湾改编旧址 |
| 10 | 南京大屠杀遇难同胞纪念馆 | 11 | 红军长征出发地（中复村）旧址 | 12 | 八角楼景区 |
| 13 | 南京条约史料陈列馆 | 14 | 中央红军长征凤凰山出发地旧址 | 15 | 中央苏区政府根据地红色旅游（瑞金） |
| 16 | 徐州市淮海战役纪念馆 | 17 | 南昌八一起义纪念馆 | 18 | 济宁市铁道游击队红色旅游景区 |
| 19 | 嘉兴市南湖风景名胜区 | 20 | 方志敏纪念馆 | 21 | 枣庄市台儿庄大战遗址 |
| （四）华中地区（7个） | | | | | |
| 1 | 南阳市桐柏英雄纪念馆 | 2 | 刘邓大军挺进大别山指挥部旧址 | 3 | 浏阳市秋收起义会师旧址纪念馆 |
| 4 | 郑州市二七纪念堂 | 5 | 长江三峡水利枢纽工程 | 6 | 韶山市毛泽东故居纪念馆 |
| 7 | 江岸区八七会议会址纪念馆 | | | | |
| （五）华南地区（7个） | | | | | |
| 1 | 广州起义纪念馆 | 2 | 八路军驻桂林办事处旧址 | 3 | 五指山革命根据地纪念园 |
| 4 | 深圳市博物馆 | 5 | 莲花山公园 | 6 | 西沙永兴岛纪念碑 |
| 7 | 百色市红七军军部旧址 | | | | |
| （六）西南地区（7个） | | | | | |
| 1 | 渝中区红岩革命纪念馆 | 2 | 红军四渡赤水太平渡陈列馆 | 3 | 遵义市遵义会议纪念馆 |
| 4 | 邱少云烈士纪念馆 | 5 | 红军飞夺泸定桥纪念馆 | 6 | 昆明西南联合大学旧址 |
| 7 | 邓小平故居和纪念馆 | | | | |

续表

| 序号 | 景区名称 | 序号 | 景区名称 | 序号 | 景区名称 |
|---|---|---|---|---|---|
| (七) 西北地区（11 个） | | | | | |
| 1 | 西安事变纪念馆 | 2 | 宝塔山景区 | 3 | 六盘山红军长征纪念景区 |
| 4 | 延安革命纪念馆 | 5 | 米脂县杨家沟革命旧址 | 6 | 乌鲁木齐市八路军驻新疆办事处纪念馆 |
| 7 | 洛川会议纪念馆 | 8 | 八路军兰州办事处旧址 | 9 | 新疆生产建设兵团军垦博物馆 |
| 10 | 杨家岭革命旧址 | 11 | 西宁市中国工农红军西路军纪念馆 | | |

从表 4-1 中可以看出，华东地区选取的数量最多，达到 21 个，华中地区选取的数量较少，只有 7 个，这主要是由七大区域中省份的数量不平衡所引起的。从时间跨度看，涵盖了旧民主主义革命时期、新民主主义革命的不同时期（如抗日战争时期、解放战争时期），以及现代的一些历史重大事件所打造的红色旅游景区。

第四，确定了红色旅游景区数量和名称之后，项目组主要采取下列方式收集语料。一是登录这些景区的网站，对重要景区的语料进行复制，制作成 Word 或者 PDF 文件；二是项目组成员亲赴景区，或者项目组恳请在景区旅游的同事或朋友采用拍照方式，开展语料收集；三是项目组成员在景区收集中英文宣传资料，然后就宣传资料上的文字材料进行拍照转换；四是向旅游景区的主管部门电询或者网询有关宣传方面的材料。

第五，将上述材料进行初始化整理。在红色旅游景区英译文本语料库创建的过程中，分别使用了三类工具：一是文本处理工具，包括文本格式转换工具（PDF 和 HTLM 文件转为 TXT 文件）；二是语料库加工工具，包括词语切分和词性标注工具、语料库编码工具，如编辑器等；三是语料库处理工具，包括词频统计器、语料索引器和统计工具等。

第六，红色旅游景区英译文本语料库的工作流程主要分为五个步骤。步骤一，语料采集，包括文本取样和文本信息记录。步骤二，语料预处理。对初步取样的文件加以整理，去除多余的格式，保存为纯文本文件，然后进行自动词语切分和词性标注，同时对句子和段落进行标注。步骤三，对语料库进行降噪处理。人工完善和纠错，完成语料库制作。制作语料库需要采用特殊的编码工具如格式化程序对文本进行编码，编码内容不仅包括语料的标注，还包括文件分类、语料编号、制作表头文件等。步骤四和步骤五分别是语料库整理和语料库扩展。最后我们收集语料的库容分别为：汉语语料库 17038 字，英语语料库 155403 字。

为了便于开展比较研究，我们建立了英美历史景区英文语料库，作为红色旅游景区英译文本语料库的对比语料库。我们选取的是英语国家中，有关描述英雄故事、爱国主义故事、有纪念意义的重大历史事件的文本。这些文本与红色旅游景区英译文本在叙事风格、叙事特征和语言文体等方面，具有相似的功能和特质，具有一定的可比性。其建库原则和方法与红色旅游景区英译文本语料库大致相同。首先，我们对英美国家重大历史事件进行研究，选取了英美国家重大历史事件所建立的旅游景区（景点）的介绍文本作为语料收集的对象。为了充分体现语料的代表性、平衡性和规模，我们共收集了共 75 个英美历史景点的介绍文本，它们分布在美国（20 个）、英国（35 个）、加拿大（10 个）、澳大利亚（10 个）等国家。这些英美历史景区介绍文本涉及英美国家的重大历史事件，如美国的独立战争纪念馆、华盛顿纪念馆、林肯纪念馆等；英国历史上的重大事件，如光荣革命、玫瑰战争、宪章运动等；加拿大的重要历史景区，包括哈德逊探险、七年战争、加拿大宪法法案等；澳大利亚的库克船长的故事、原始民族、淘金故事等。最后我们收集语料的库容分别为：英语语料 123111 字，具体参见第 7 章。

## 4.2 语料库的数据处理及使用

红色旅游景区英译本本语料库的建设与应用，涉及文本格式的处理（Formatting）、降噪处理（Noise Elimination）、段落标注、分词、词性标注、双语语料对齐、检索和词频统计等步骤，这些步骤可以通过相关软件的应用来实施完成。下面介绍本研究主要运用的相关语料库应用软件。

### 4.3.1 WordSmith 和 AntConc 软件

WordSmith 是语料库研究中最常用的工具之一，由英国利物浦大学麦克司格特（Mike Scott）设计，牛津大学出版社出版。在语料处理中，WordSmith 主要用来进行检索（Concord）、词表（Word List）和关键词（Keyword）的统计，处理对象必须是 Text 文本。

语料库处理软件 AntConc 由劳伦斯·安东尼（Laurence Anthony）设计，自 2014 年问世以来，历经多次改进和提高，目前的版本为 2020 年推出的最新版本 4.0 版。由于其采用了编码标准，因此可以方便地处理英语语料。该软件功能非常全面，除了生成词表、提取关键词和关键词索引这三大基本功能，它还提供了非常详细的统计信息。例如词表除了可按词频、字母顺序排列，还提供了详尽的文件大小、类符形符比、平均词长、平均句长、平均段落长、单字符和多字符词语数，以及各种统计指标的标准方差等统计信息。关键词提取是将小语料库与另一更大的参照语料库的词表词频比较，统计出小语料库的高频词，即该语料库的关键词词表。关键词词表对于研究语料的主题和体裁及词汇之间的意义关系提供了可靠的统计手段（杨慧中，2002）。AntConc 提供的关键词索引几乎可以对任意大小的语料进行索引，同时提供索引词与其他词语搭配的位置和概率。

两者之间在功能等方面具有重叠功能，但是 AntConc 的优势在于免费下载、随意使用等功能，而付费软件 WordSmith 则更加强调效率的提高。

### 4.3.2　汉语词法分析系统 ICTCLAS

中国科学院计算机研究所研制出的汉语词法分析系统（Institute of Computing Technology，Chinese Lexical Analysis System，ICTCLAS）是目前中文词法分析领域分词速度快且精确度高的软件之一。该软件的功能主要包括中文分词、词性标注、命名实体识别、新词识别，同时还支持用户词典和繁体中文。在语料库建设过程中，ICTCLAS 主要用来对中文语料进行词语切分，或者同时进行语料的分词和词性标注处理。在对中文文档进行词语切分时，在词语之间加入了空格，如果选择了词性标注，则会在词语后面以"/"加上字母的形式对词语进行标注，比如名词用"/n"，动词用"/v"。该系统的分词规范和中国国家标准 GB 13175"信息处理用现代汉语分词规范"基本保持一致，具有一定的权威性和实用性。

### 4.3.3 ParaConc 软件

ParaConc 是为从事翻译文本研究的语言学家和翻译家设计的全新软件。该软件也可以作为语言教师和其他对语言文本分析有兴趣的研究人员的研究工具。从 1995 年第一个版本诞生，一直到今天，ParaConc 已经发展成为一款使用简单、功能强大的语言分析软件，可以实现多语言文本的对齐、词频统计、热词搜索、搭配搜索等多种功能。它也是一种用于检索双语或者多语（多译本）语料的纯文本语料检索工具。该软件主要由米歇尔·巴罗（Michael Barlow）博士研发。国内有许家金、梁茂成、贾云龙三位学者开发的 BFSU_ParaConc 和程文昌博士研发的 CUC_ParaConc，三款工具在检索语料库功能较为相似。本研究使用由许家金、梁茂成、贾云龙三位学者开发的 BFSU_ParaConc，该软件主要用于检索双语、多语平行语料，支持 ANSI 等编码的纯文本语料检索，支持多个国家的平行语料库检索，支持正则表达式检索。软件默认支持英文词形还原检索（Lemmatized Search），如检索 go，可以得到 go，goes，went，going，gone 等的平行句。软件还支持对应语言文本中包含和不包含某词项的检索，如检索 Education，以及结果中包含"教育"的句对，结果可存为 tab 符分隔的文本文件，便于后续分析。该软件目前是 1.2.1 版，主要功能包括加载语料功能、平行文本预览和语料对齐功能、平行文本检索功能、热词搜索功能、检索排序功能、保存和打印查找结果统计功能和词频统计功能等。

### 4.2.4　EmEditor 软件

EmEditor 是日本的江村软件公司（Emurasoft）开发的一款在 Windows 平台上运行的文字编辑程序。它是一款操作简便、功能性强的文本编辑器，支持多种配置，使用者可以通过对颜色、字体、快捷键、工具栏等进行自定义设置，以实现多种功能，比如调整行距、无限撤销、重做等。同时，EmEditor 还支持标准万码（Unicode）和许多编码类型，并且支持超大文件。在语料库建设过程中，EmEditor 主要用来进行文本格式编辑，去除不利于后期处理的干扰信息，对文本进行标记以便于后期软件处理。其主要功能包括查找文本字符串、替换字符串。这些查找或者替换字符串都可以借助正则表达式进行。其特点是具有不同文本快速比较和同步滚动功能改进的垂直选择编辑功能；启动、搜索和替换文本速度快，超过大部分同类软件；支持查找高亮显示，支持大写小写强制替换，支持多标签浏览，支持丰富的插件扩展；支持自己动手制作免安装版，不写系统注册表，配置文件不丢失。其最大优点是对中文支持较好；支持插件，开放接口；界面清晰友好，启动速度快。

以上是几个主要语料库应用软件的介绍，当然，在对翻译规范的提炼过程中，也运用了其他软件，这里就不一一赘述。需要说明的是，语料库软件对语言的分析和描写，确实对于翻译规范的提炼和挖掘提供了帮助；但是，作为翻译规范的描写和阐释者，研究者个人的对语言特征的敏感度、对分析视角的选择，无疑会起到更大的作用。

## 4.3 小　　结

本章继续前一章有关语料库对翻译规范研究的贡献，首先详细描述了本语料库的建构过程、样表抽取的基本原则、样本的分布地点以及样本降噪的基本步骤。然后介绍了对比语料库的抽取与规模。我们建立了英美历史景区英文语料库，选取了有着相同话题、体裁和特质的英文文本，因为这些中英文文本都出现在相似的交际环境中，具有相同或相似的交际功能。其建库原则和方法与红色旅游景区英译文本语料库大致一致。

另外，本章还介绍了几个基本语料库软件的使用方法，如 WordSmith 和 AntConc 软件、汉语词法分析系统 ICTCLAS、ParaConc 软件、EmEditor 软件等，并分析了各个软件在语料库使用中的优缺点。

# 5 红色旅游景区英译文本的外部规范

从本章开始，我们将用三章分别讨论红色旅游景区英译文本的外部规范和内部规范。我们将通过语料库的分析工具和分析方法，来识别红色旅游景区英译文本独特的文本特征，明确其指向，从而再现翻译操作规范。在总结具体操作规范的基础上，对红色旅游景区英译文本的翻译规范作出深层次描写，以期为旅游景区的翻译提供借鉴。我们的探讨将借鉴图里（1996）和胡显耀（2006）相关分类与描写，从外部和内部规范两个方面分别进行描述。根据胡显耀（2006）的翻译规范分类方法，把翻译规范分为两大类：一是外部规范，指读者和社会机构制定的翻译政策和对翻译性质的总体期待，包括选择规范和期待规范两种规范；二是内部规范，指由专业翻译领域内公认的权威制定的规范，包括义务规范、交际规范和操作规范。外部规范通过选材和期待决定了内部规范的内容，但不直接作用于翻译的实际行为。内部规范在外部规范的基础上产生，直接制约翻译行为，是产生行为规律的主要来源，因此，内部规范的挖掘和提炼也显得更为重要。

## 5.1 红色旅游翻译的选择规范

翻译选择规范影响哪些文本应当被翻译入特定的语言和文化,它确定了翻译文本的类型、语种和译者。选择规范的作用是决定翻译的政策和对翻译文本、语种及译者的选择,但这种规范并不直接决定翻译行为的性质。选择规范即控制翻译政策、翻译语言和译者选择的规范。它涉及三个方面的选择:一是对翻译文本的选择;二是对翻译语种的选择(包括是否允许通过其他语言间接翻译);三是对译者的选择。

选择规范影响着翻译文本的选择。总体来看,红色旅游景区在国家旅游所占的历史地位、在红色文化传播中所起到的重要作用,以及当代中国的翻译政策和翻译目的等方面,都影响着译者在翻译过程中对翻译文本的选择。译者更加愿意选择那些旅游景区设施完善,评价级别较高(AAAA 级及以上),在国内外有一定声望,能够吸引大量国内外游客的景区介绍文本进行翻译。翻译这些景区介绍,能够为译者带来一定的回报,也能得到社会声誉,并得到同行的认可。这些译文将直接影响着国内外游客,尤其国外游客的旅游体验,并接受广大中外游客的阅读和批评。这些译文成为景区网站或者景区宣传手册的重要组成部分。另外,旅游景区中一些情节曲折,故事感人,有吸引力,有启发意义和教育意义的文本,也是译者选择翻译的重点。以上都是译者在进行翻译前,选择文本时重点考虑的因素。

同时，译者在翻译过程中，更多考虑的是译文读者，尤其是国外游客对文本的理解和熟悉、国外游客的旅游体验。译者在对文本的选择过程中，往往结合译文读者的思维方式、所喜爱的叙事方式、叙事上的宏观结构、价值观和文化习惯，迎合译文读者的阅读习惯，开展英文翻译实践。

选择规范影响着翻译语种的选择。英语作为全球最广泛使用的语言，译者在翻译红色旅游景区文本时候，更多选择英文作为翻译语言。我们所收集的 75 个重点红色旅游景区中，全部以英语作为翻译文本的首选语言，一方面是因为英语在全球语言中所处的重要地位决定的；另一方面，国外游客中，大多数游客的英语水平明显好于其他语种。当然我们也关注到，不少 AAAA 级及以上的红色旅游景区，会选择除英文之外的日语和韩语来翻译。英语、日语、韩语三种语言也是国内红色旅游景区所用最多、分布最广泛的语言。日语和韩语语作为第二、三种语言，它们的出现主要考虑到日韩两国地理位置与我国毗邻，文化和风俗习惯相似，历史源远流长等原因。例如，越来越多的红色景区，吸引了大量的日韩游客，日韩语言成为景区翻译语言的第二和第三选择。如湖南的张家界，每年都会吸引大量的日韩游客，其主要景区介绍文本中，除英语外，日语和韩语十分常见。我们发现，大多数东北地区的景区，除英语译文外，由于地缘关系，日语使用也十分普遍。出于对中国红色旅游景区风景和红色文化资源的热爱，日韩游客不时出现在这些著名的中国红色旅游景区中，他们的旅游体验也是译文语言选择的关键因素。

选择规范影响着译者的选择。社会文化对译者的影响体现在以下两个方面：一是社会在总体上通过奖励和提高声望等方式来对译者进行选择；二是通过代理人和翻译机构等指导译者对译本进行选择。尽管表面上看来，译者从事翻译是个人的决定问题，但实际上译者在翻译过程中习得的规范，以及社会通过代理人和机构都会影响（但并不是决定）译者的选择。因此，研究选择规范应该包含对译者的统计和分析。但是要完整统计我国所有旅游景区英译文本的译者数量是非常困难的。第一，这些译文大多出自业余译者之手。作为红色景区主管部门的政府机关，在寻找译者的过程中，显得较为随意。他们或者通过翻译机构或中介寻找翻译者，或者通过个人的社会关系或各种关系的转折和中介来寻找译者。各个景区在选择译者的过程中，都是各自寻找合适的译者，全国缺乏一套完整的规范来约束政府机构对译者的选择。第二，虽然我国启动了翻译硕士人才培养和翻译从业人员证书考试制度，但是国内对翻译人员的资格认定和注册制度尚未形成，大多数红色旅游景区的英译文本译者都未注册，译者本身也没有行业许可证或者翻译资格证书。翻译市场或者语言服务市场的管理目前仍处于粗放状态，因此要对红色旅游景区译者进行全方位的统计比较困难。第三，红色旅游景区的政府主管部门在选择译者的过程中，往往将投入成本作为重要的考虑因素，投入成本影响着政府对译者的选择。调查发现，一些AAAAA级景区的英译文本质量明显好于AAAA级景区。深入访谈得知，他们在对译者的选择上比较谨慎，一般选择著名的大学翻译系或者翻译专业人士开展译文翻译。而有些景区的译者来源于中学教师，来源于未经过专业训练的业余译者，虽然可以节约翻译费用，但是译文质量堪忧。第四，时间因素也影响着对译者的选择。对译者选择的决策形成过程中，政府主管部门由于时间紧、任务重，往往忽略译文的质量。作为译者，为了更好更快地完成翻译工作，往往采取分包的形式，由多个译者共同完成翻译。这种翻译实践，很难保证翻译质量。第五，地域也是影响译者选择的重要因素。综观这75个重点红色旅游景区，其分布范围甚广，层次不一。有的分布在一线城市，如北京的中国人民革命军事博物馆、上海的一大会址纪念馆、广州的广州起义纪念馆、深圳的莲花山公园等，这些一线城市的红色经典旅游景区英译文本质量明显较高，因为这些城市集结着大量的翻译人才，对旅游景点或者政府主管部门来说，可供选择的高级翻译人才数量众多。也有分布在中等城市的徐州的淮海战役纪念馆、遵义会议纪念馆、嘉兴南湖风景区等，还有一些分布在县级市的，如四平战役纪念馆、中央红色苏区政府根据地旅游（瑞金），这些分布在县市级的红色旅游景点，英译文本的质量，受到翻译人才因素的制约，因为供其选择的当地译者甚少，选择面不宽。

## 5.2　红色旅游翻译的期待规范

期待规范作用于翻译文本的总体性质。期待规范就是普通读者和社会对翻译的总体性质和总体策略的期待，其实质就是特定文化群体在特定历史时期对翻译的概念化。或者说是特定文化对"什么是翻译？为什么要翻译？应该怎么翻译"这三个基本问题的回答。读者和译者通常是同一社会文化的成员。在译者通过翻译与读者进行交往的社会化过程中，社会对翻译的概念化意识可能形成明确的表述，以"翻译理论""翻译标准"等形式出现，但更多时候内化为读者和译者的一种共识和默契，成为读者对译文的期待。译者在从事翻译时，大多数情况下会考虑读者对译文的期待，于是这种期待就具有了一定的约束力，成为这一时期的期待规范。

从总体上说，期待规范可以分为"陌生化期待"和"传统化期待"，也就是我们常常说的"归化"和"异化"问题。任何社会文化系统对翻译的总体性质都同时包含着这两种不同的期待，但不同的文化系统在不同时期对传统化和陌生化的偏向是不同的。有些文化系统更倾向于符合自身传统的译文，有些则更倾向于"异质"的翻译。同一文化在不同时期，有时会更偏好"归化"和"通顺"的翻译，有时又会倾向"异化"和"忠实"的翻译。期待规范的两种倾向总是共存于某一译语文化中，但不同时期可能会出现不同倾向，有时某种倾向甚至会走向极端。不过，大多数情况下，现实的翻译行为总是处于两种期待规范相互作用下，负责具体翻译过程的操作规范会根据不同的期待作出相应的调整。当然，具体满足哪种期待规范，往往依赖于译者的主观性。但无论如何，期待规范在社会文化中的存在是译者不可忽视的事实。我国翻译历史上对 Milk Way（银河系）这一词组的翻译，体现的就是在传统化期待的作用下，译者采取了"归化"的翻译策略，虽然当年也就是否应该翻译成"牛奶路"产生过争论。另一个翻译的范例，Ode to the West Wind 中，关于 West Wind（西风）的翻译，就是在传统化期待作用下，译者采用了一种"异化"的翻译策略。因为在中国人的心目中，"西风"的意象总代表冷飕飕、刺骨的负面形象，受"东风压倒西风"诗句的影响，所以有人建议将 West Wind 翻译成东风。当然，最后在异化策略的作用下，将雪莱的经典诗歌还是翻译成了《西风颂》。这样的例子不胜枚举。

期待规范并不是一种同质的存在：不同的社会存在不同的期待规范，同一社会在不同的时期可能存在不同的期待规范，也可能在同一时期存在各种不同的期待规范，各种期待规范可能在不同的时期交替作用。

对翻译性质的期待和倾向，即对于归化或者异化的方式采取，与译语文化多元系统的内部结构、译语文化相对于源语文化的地位以及译语文化的自我意识有关。在译语多元系统内，如果翻译系统处于整个系统的边缘，那么多元系统对翻译的传统化期待更强，这时的翻译也会更符合传统化期待（归化策略），体现为一种维护传统的保守力量。如果多元系统中心出现缺失或动摇,翻译系统将逐渐走向系统中心,这时整个多元系统对翻译的陌生化期待更强,翻译会更多地倾向于陌生化,向译语文化输入新的元素以促进演变。这时,翻译体现为一种破除传统的革新力量。从强势文化译入弱势文化,通常译语会更容易接受陌生化的译文(异化风格);反之则更容易产生传统化的译文。但是源语文化和译语文化的相对地位并不一定能决定期待规范,因为即使译语处于相对弱势的地位,但如果该文化内部的自我意识不愿面对现实,仍然可能采取保守的姿态,并因而决定期待规范偏向于传统化(我国19世纪初的严复和林琴南的翻译就是典型的例子)。但无论如何,就文化整体来看,在期待规范的作用下,大量译文的行为规律必然既包含归化因素,也包含异化因素,区别只是归化和异化的程度不同而已。

从宏观角度看,期待规范也是译文归化和异化策略的主要体现。我们可以从下面的例句1和2中,考察译文中归化和异化的使用及其效果,用以说明翻译的期待规范指导并制约着翻译策略的使用和译者的翻译行为。从词汇和句法的微观角度,我们可以看出期待规范制约着翻译中的词汇选择、翻译单位的转换、句法转变乃至衔接的调整等。下面的例句中,也充分说明了翻译中的期待规范对词汇选择、句法转换、衔接调整都起到了重要作用。

例1. 标题《一根灯芯》(译文:Enlightening works and one wick)

例1选自2022年"映山红杯"全国红色经典翻译大赛原文,该译文经过组委会多轮次的讨论,最后确定了上述译文。该例中,原文一根灯芯字面意思就是描写一种物品,标题并未阐述"灯芯"

这一特殊物品在革命战争时期的具体作用。翻译转述过程中，译者受到读者期待规范的影响，采用了增译的方法，体现了一种规划策略，增加标题的内涵，并将这个内涵与灯芯的关系体现在译文之中。

例 2. 在井冈山艰苦斗争的年代，毛委员在八角楼里写下了许多光辉著作，指明了中国革命胜利的道路。（译文：At the Octagon House in the Jinggang Mountains long ago when the Chinese revolution was in danger, Committee Member Mao produced plentiful writings on revolutionary theories, guiding the Chinese to secure the victory of the revolution. 来自 2022 年"映山红杯"全国红色经典翻译大赛原文）

例 2 中，从词语翻译多角度看，"八角楼"一词的翻译（Octagon House）作者采用了直译的翻译方法，体现了在期待规范的作用下，作者所采用的归化的翻译策略。从句子层面角度看，"指明了中国革命胜利的道路"，作者在选词上用了 guiding 一词，后面的搭配也体现了 guide 的惯用方法，guide sb to do something，而不是用"direct the way"这样一种直译的方法。这种处理方式体现了期待规范的异化策略。译者的操作表明，强势文化译入弱势文化，如果强势文化占主导地位，译者必然采用异化策略。

## 5.3 小　　结

本章结合示例讨论了红色旅游翻译中的选择和期待规范。着重分析了选择规范对红色旅游翻译的影响。由于受到游客来源国数量和游客文化的影响，译者在选择翻译的过程中，更多选择英文作为首选语种，其他语种的选择较少。同时，也讨论了期待规范对于译者的翻译方法和翻译策略的影响。通过示例分析可以看出，在期待规范的影响下，译者灵活采用归化和异化不同策略，展开翻译。

有关选择规范和期待规范的探讨，进一步验证了我们的假设，翻译规范对翻译的研究随处可见，翻译规范是各种角力竞争协调的结果。翻译规范随着社会、经济和文化的发展与进步不断变化和发展。

# 6 红色旅游景区英译文本的词汇操作规范

翻译中的内部规范是指由专业翻译领域内公认的权威制定的规范，包括义务规范、交际规范和操作规范。义务规范指译者在翻译过程中对读者、作者和代理人负有忠诚地履行翻译行为的义务。交际规范指译者在翻译规程中应当保证通过翻译使作者、读者、代理人之间有效地交流。操作规范是最根本和最重要的规范，它是指负责处理原文与译文、译文与译语语言文化关系的规范。考虑到义务规范和交际规范与本研究所采用的语料库方法结合并不紧密，本书暂不讨论这两种规范。

操作规范的目的就是实现期待规范的某种倾向。在操作规范的控制下，一定时期内大量翻译文本会呈现出某些特定的规律性特征，以满足传统化或陌生化期待的要求。从总体上说，在传统化期待的影响下，译文会以通顺、符合译语文化传统、意译等为目标；译者的态度会更倾向于译语文化，采取归化的语言形式，目的是使译文更容易被译语读者接受；在语言策略上更多地改变原文语言和结构，代之以更常规、更符合译语习惯的形式。而与之相反，陌生化期待往往以切合原文本意、贴近原文形式和直译为目标，译者更倾向于源语文化，希望能通过译文为译语文化输入新鲜材料，推动译语文化的发展。

操作规范按照针对的不同语言层次，进一步区分为词语操作规范、句法操作规范和篇章操作规范。翻译文本是各种翻译规范的体现，是研究各种翻译规范的资料总库（胡开宝，2011）。篇章操作规范主要跟具体文本类型有关，与翻译本身的关系较小，故本书只区分前两者。

## 6.1 实验设计

为了解红色旅游景区文本词汇的操作规范，下面我们先用定量的方式，考察红色旅游景区词汇操作规范。借助语料库的方法，考察红色景区文本在翻译过程中的词汇操作规范，具体设计如下：

以美国革命旅游文本为参照，聚焦井冈山景区的英语解说词，借助语料库工具描写红色旅游英译文本（简称红色文本）与类似主题的英语原文（简称英语原文）相比呈现的文体特征。主要研究问题如下：

（1）红色文本和英语原文的词汇丰富性是否存在明显差异？

（2）红色文本和英语原文的文本复杂度是否存在明显差异？

（3）红色文本和英语原文的用词特色是否存在明显差异？

初步调查显示，井冈山景区的英语解说词主要集中在井冈山革命博物馆、黄洋界纪念碑和井冈山革命烈士陵园等三处，因此本书将这三处作为红色文本的代表。具体来说，井冈山革命博物馆文本主要指包括前言和大事记在内的馆内英语解说词；黄洋界纪念碑的文本除纪念碑外，还包括黄洋界哨口、炮台、油画以及朱毛挑粮小道的英语解说词；井冈山革命烈士陵园则涵盖革命烈士纪念堂、革命烈士雕像园和烈士纪念碑等三处的英语标识。

为凸显红色文本的语言特征，三个与美国革命相关的在线旅游文本被用作参照语料。与井冈山革命博物馆对应的是约克镇美国革命博物馆（American Revolution Museum at Yorktown）。该馆为纪念 1781 年爆发的约克镇战役而修建。约克镇战役是美国独立战争战略反攻阶段最重要的战役，在这场战斗中美法联军大败英军主力，战役结束后英国被迫议和，美国随即宣告独立。邦克山纪念碑（Bunker Hill Monument）对应黄洋界纪念碑。邦克山纪念碑主要纪念 1775 年的邦克山战役。邦克山战役是英军与殖民地民兵之间的第一次大规模武装冲突，是独立战争中的著名战役之一。希洛国家公墓（Shiloh National Cemetery）与井冈山革命烈士陵园对应。希洛国家公墓与 1862 年的希洛之战有关，希洛之战又称匹兹堡登陆之战，是美国南北战争早期发生在田纳西州的一场重要战役。红色文本和英语原文的具体信息如表 6-1 所示。

表 6-1 文本信息表

| 编号 | 名称 | 历史阶段 | 来源 | 篇幅（词） |
| --- | --- | --- | --- | --- |
| 1-1 | 井冈山革命博物馆 | 中国土地革命战争 | 景点 | 2213 |
| 1-2 | 黄洋界纪念碑 | 中国土地革命战争 | 景点 | 462 |
| 1-3 | 井冈山革命烈士陵园 | 中国土地革命战争 | 景点 | 846 |
| 2-1 | 约克镇美国革命博物馆 | 美国独立战争 | 网络 | 3261 |
| 2-2 | 邦克山纪念碑 | 美国独立战争 | 网络 | 603 |
| 2-3 | 希洛国家公墓 | 美国南北战争 | 网络 | 817 |

表 6-1 中的红色文本来自井冈山景区，需要先拍照再转写。英语原文来自旅游网站，复制粘贴即可。无论是转写还是拷贝的文本都需要通过文本整理器软件（TextEditor）进行编辑。本研究的语料分析主要借助 LancsBox 4.0 和 WordSmith 8.0 完成。

LancsBox 是一款由兰卡斯特大学开发的在线语料库统计软件,该软件内嵌语料标注、词汇检索、句法分析等第三方工具,数据可视化程度较高。本研究的词类计算和特殊高频词列表生成在 LancsBox 中进行。WordSmith 则是另一款主流的语料库分析软件,可以实现语料检索、词汇搭配、主题分析等功能,其功能和 LancsBox 部分重合。本研究的平均词长、平均句长、类符/形符比、标准类符/形符比和词汇密度计算在 WordSmith 中完成。

红色文本的文体特征包括词汇丰富性、文本复杂度和用词特色三个方面,其中词汇丰富性由类符与形符比、标准类符与形符比和同一概念的不同表述方式表示,文本复杂性用词汇密度、平均词长和平均句长表示,用词特色主要分析红色文本中有别于英语原文的特殊高频词。

## 6.2 结果分析

首先，从红色文本的词汇丰富性看，词汇丰富性作为衡量文本质量的重要指标，通常指文本词汇的丰富程度。本研究中的词汇丰富性特指文本展现的词汇变化程度，包括单词丰富性和词块丰富性两类，前者用类符与形符比表示，后者通过分析同概念的不同表述获取信息。类符与形符比（Type/Token Ratio，简称TTR）是描写词汇多样性的重要指标之一。TTR指的是文本中出现的类符（Type，不重复计算的单词）占形符（Token，重复计算的单词）的百分比。在条件大致相同的情况，TTR越高意味着词汇越丰富；反之，词汇越贫乏。如表6-2所示，除黄洋界纪念碑文本差异不大外，各红色文本的词汇丰富性均低于对应的英语原文。在红色文本中，黄洋界纪念碑、井冈山革命烈士陵园和井冈山革命博物馆的词汇丰富程度依次降低；在英语原文中，邦克山纪念碑和希洛国家公墓的用词最为丰富，约克镇美国革命博物馆用词相对单一。

表6-2 类符与形符统计表

| 编号 | 名称 | 类符数/词 | 形符数/词 | TTR/% |
| --- | --- | --- | --- | --- |
| 1-1 | 井冈山革命博物馆 | 541 | 2167 | 24.97 |
| 1-2 | 黄洋界纪念碑 | 207 | 449 | 46.10 |
| 1-3 | 井冈山革命烈士陵园 | 296 | 818 | 36.19 |
| 2-1 | 约克镇美国革命博物馆 | 113 | 3261 | 36.22 |
| 2-2 | 邦克山纪念碑 | 274 | 603 | 46.76 |
| 2-3 | 希洛国家公墓 | 335 | 817 | 45.27 |

需要注意的是，TTR 对篇幅长短较敏感。因为一定时期的类符数相对稳定，形符数与语料库容量有关；当超过某个临界值后，库容量越大，TTR 越小，所以不同容量语料库的 TTR 可比性不强。为解决这一问题，常规做法是用标准类符与形符比（Standardized Type/Token Ratio，简称 STTR）替代 TTR 对词汇信息量进行判断，具体做法是将某个篇章每 1000 词的 TTR 做均值处理。STTR 因为不受样本长度的影响，较 TTR 更为客观可信。分析显示，所有红色文本的 STTR 仅为 30%，远低于英语原文的 45%，这意味着红色文本的词汇变化相对较少，英语原文的词汇变化相对丰富。这一结论在比较两类文本的概念表述时得到进一步验证。分析表明，红色文本在指称同一概念时倾向于使用类似的表达法，而英语原文的表述方式相对多样。下面仅以黄洋界纪念碑（例 1）和邦克山纪念碑（例 2）为例说明。"黄洋界纪念碑"这一概念在例 1 中出现 6 次，只有"Monument for Huangyangjie Defensive Fight"（黄洋界保卫战纪念碑）和"the Monument"（纪念碑）两种形式。

例 1. In 1960, Jinggangshan people built the wooden—structure "Monument for Huangyangjie Defensive Fight" on the Huangyangjie Road for remembering the great victory of Huangyangjie Defensive Fight. In 1965, Chairman Mao visited Jinggangshan, and then rebuilt the Monument into the reinforced concrete structure. During the Cultural Revolution, the Monument was rebuilt into the "Torch Pavilion" which was dismounted at the end of 1977, and then returned into the original shape. The handwriting "A little spark may kindle a great fire" of Chairman Mao inscribed on the front marble of <u>the Monument</u>, and the inscription "<u>Monument for Huangyangjie Defensive Fight</u>"of General Zhu De on the back marble. Now, there is an horizontal monument in front of <u>the Monument</u>, whose front side is inscribed with the poem of "Xijiangyue • Jinggangshan" of Chairman Mao, and back side inscribed with the inscription of "Huangyangjie" of General ZhuDe.（143 词）

与红色文本不同，英语原文在指称某个概念时倾向于变换表达方式。"邦克山纪念碑"在例2中出现了7次，共有5种表达方式。英语原文除了和红色文本一样直接用"the monument/Monument"（纪念碑）进行指称，还出现"the first monument on the site"（战场的第一块纪念碑）、"a more permanent and significant monument"（一块更永久、更有纪念价值的纪念碑）、"the existing monument"（现在的纪念碑）和代词 it 等四种不同的形式。

例 2. <u>The first monument on the site</u> was an 18-foot wooden pillar with a gilt urn erected in 1794 by King Solomon's Lodge of Masons to honor fallen Patriot and Freemason, Dr.Joseph Warren.In 1823, a group of prominent citizens formed the Bunker Hill Monument Association to construct <u>a more permanent and significant monument</u> to commemorate the famous battle. The project was a major undertaking. So much so that the Monument Association ran out of funds and was forced to halt construction twice. Much of the land surrounding the square where <u>the Monument</u> stands today had to be sold off as housing lots to help fund <u>the monument</u>. Fairs, performing arts events, and fundraising drives were also organized to help complete <u>the monument</u>. Many of these events were organized by women in the Boston area. <u>The existing monument</u> was finally completed in 1842. <u>It</u> was dedicated on June 17, 1843 in a major national ceremony. A statue to Dr. Joseph Warren was commissioned in the 1850s to pay particular respects to his sacrifice at the battle. The statue was initially housed in a temporary structure, but by 1901/2 the Monument Association constructed a permanent granite lodge to house the statue of Warren.（203 词）

简言之，TTR、STTR 和同一概念的表述对比分析均表明红色文本的用词多样性不及英语原文。

其次，从红色文本的文本复杂度看，与词汇丰富性一样，文本复杂度是考察文本质量的另一个重要指标。本研究的文本复杂度由词汇密度、平均词长和平均句长构成。

词汇密度作为衡量词汇复杂性和文本信息量的重要维度，指的是实词（Content Words）在语篇中所占的百分比，计算方法为实词的形符数÷文本的总形符数×100。一般来说，一个文本的实词越多，词汇密度越大，文本越复杂，反之亦然。分析显示，红色文本的词汇密度（60.88）略低于英语原文（62.45）。由表 6-3 可知，两类文本中形容词和副词的比重大致相当，红色文本中名词的比例（39.35%）略高于英语原文（37.57%），动词比例（10.30%）低于英语原文（13.04%），平均每万词的形符数也可以得出相同的结论。换言之，从词汇密度来看，红色文本的篇章信息量略低于英语原文，前者倾向于使用表示静态的名词，后者更喜欢使用表示行为的动词。

表 6-3 词类统计

| 文本<br>词性 | 红色文本 | | 英语原文 | |
| --- | --- | --- | --- | --- |
| | 形符数（平均每万词）/词 | 占比/% | 形符数（平均每万词）/词 | 占比/% |
| 名词 | 1374（3943.74） | 39.35 | 1723（3757.09） | 37.57 |
| 动词 | 359（1021.81） | 10.30 | 598 | 13.04 |
| 形容词 | 285（818.03） | 8.18 | 401（870.4） | 8.74 |
| 副词 | 106（304.25） | 3.04 | 142（309.64） | 3.03 |
| 小计 | 2121 | 60.88 | 3124 | 62.45 |

平均词长指某个文本中平均每个单词的字母数，计算方法为形符的字母总数除以形符数。红色文本和英语文本的平均词长基本持平（均为 5 个字母左右）。平均句长指特定文本平均计算的语句单词数量。红色文本的平均句长为 21 个单词，远高于英语原文的平均句长（15 个单词）。这一结果说明红色文本更喜欢使用长句，英语原文更喜欢短句。简单来说，两类文本的平均词长差异不大，红色文本的词汇密度略低于英语原文，红色文本的名词和长句居多，英语原文的动词和短句居多。

再次，从红色文本的用词特色看，用词特色主要考察红色文本区别于英语原文的特殊高频词，这些词语可以反映不同文本的语义全貌。表 6-4 和表 6-5 分别是两类文本对比后产生的正负关键词列表。其中表 6-4 所列词汇是与英语原文相比，红色文本最常出现的前 50 个单词。

表 6-4 正关键词列表

| 序号 | 正关键词 | 序号 | 正关键词 | 序号 | 正关键词 |
| --- | --- | --- | --- | --- | --- |
| 1 | Mountain | 18 | Zhu | 35 | CCP |
| 2 | Jinggangshan | 19 | committee | 36 | comrade |
| 3 | Chinese | 20 | fight | 37 | part |
| 4 | Jinggang | 21 | front | 38 | province |
| 5 | Mao | 22 | hall | 39 | sculpture |
| 6 | Jiangxi | 23 | Hunan | 40 | revolution |
| 7 | Border | 24 | regime | 41 | revolutionary |
| 8 | Huangyangjie | 25 | red | 42 | China |
| 9 | Tse-tung | 26 | central | 43 | CPC |
| 10 | armed | 27 | establishment | 44 | JGS |
| 11 | peasants | 28 | Fourth | 45 | joined |
| 12 | struggles | 29 | zedong | 46 | people's |
| 13 | martyrs | 30 | 1928 | 47 | secretary |
| 14 | 4th | 31 | cities | 48 | spark |
| 15 | rural | 32 | county | 49 | then |
| 16 | spirit | 33 | Hunan-Jiangxi | 50 | whole |
| 17 | uprising | 34 | base | | |

关键词分析显示，红色文本侧重描述井冈山斗争史及其历史意义。文中提到位于湘赣两省交界的井冈山发生了若干重要历史事件：1927年的三湾改编是中国共产党建设新型人民军队的重要开端；同年，井冈山革命根据地建立；1928年朱毛会师后成立了中国工农红军第四军（The 4th Red Army）；同时"工农武装割据"（Armed Independence Regime of the Workers and Peasants）、"农村包围城市、武装夺取政权"（Encircling the Cities from the Rural Areas and Seizing Power with Armed Force）等理论开始形成。需要注意的是，红色文本强调毛泽东、朱德等人在井冈山斗争中发

表 6-5 负关键词列表

| 序号 | 负关键词 | 序号 | 负关键词 | 序号 | 负关键词 |
| --- | --- | --- | --- | --- | --- |
| 1 | American | 18 | galleries | 35 | soldiers |
| 2 | British | 19 | not | 36 | still |
| 3 | Yorktown | 20 | states | 37 | united |
| 4 | tree | 21 | years | 38 | Virginia |
| 5 | had | 22 | artifacts | 39 | York |
| 6 | I | 23 | dead | 40 | about |
| 7 | been | 24 | film | 41 | Boston |
| 8 | hill | 25 | independence | 42 | colonies |
| 9 | America | 26 | river | 43 | exhibition |
| 10 | liberty | 27 | Shiloh | 44 | exhibits |
| 11 | or | 28 | Tennessee | 45 | lodge |
| 12 | visitors | 29 | unknown | 46 | permanent |
| 13 | be | 30 | 1781 | 47 | portrait |
| 14 | Bunker | 31 | continental | 48 | short |
| 15 | but | 32 | even | 49 | world |
| 16 | early | 33 | outdoor | 50 | museum |
| 17 | French | 34 | site | | |

挥的领导作用，以及从革命历史中升华凝练的宝贵经验（如政治建军思想）和精神财富（如井冈山精神）。另外，文中出现大量与井冈山斗争相关的地点。除井冈山（Jinggangshan，Jinggang，Huangyangjie）外，红色文本中还出现表示省份的江西（Jiangxi）、湖南（Hunan）、湖南—江西（Huan-Jiangxi）、省（Province），以及对井冈山所在地性质的判断，如山区（Mountains）、[两省] 交界之处（Border）、农村（Rural，County）。换言之，这类文本意在强调地处两省交界的农村山区等地理优势为井冈山斗争创造了有利的条件。

与红色文本类似，英语原文也讲述了美国革命史，比如美国独立战争时期北美各州如何英勇反抗英国殖民统治、争取民族独立（如发生在波士顿的邦克山战役、发生在弗吉尼亚的约克镇战役），以及美国南北战争初期南北双方如何为维护国家统一展开斗争。与红色文本不同的是，英语原文出现了大量与博物馆及展品陈列相关的词汇（11 个，占负关键词的 22%），博物馆（Museum）、展览（Exhibition，Exhibits）、工艺品（Artifacts）、画廊（Galleries）、肖像画（Portrait）、电影（Film）、自由之树（the Liberty Tree）等词汇均属此类。不难发现，英语原文力图通过不同的展览形式重现美国革命，参观者可以通过浏览展品、观看影片、互动留言或参加户外活动等多种形式了解历史。此外，英语原文在介绍展馆陈列时经常将游客体验考虑在内，游客（Visitors）一词在这类文本中多次出现（12 次）。例 3 出自约克镇美国革命博物馆，文本从游客的视角对展馆进行介绍。

例 3. Along with immersive environments, dioramas, interactive exhibits and short films, period artifacts engage visitors in the story of the American Revolution, from its origins in the mid-1700s to the early years of the new United States.（译文：游客可以通过馆内各种沉浸式环境、立体模型、互动展示、短片和当时的手工制品，亲身体验 18 世纪中叶美国革命起源至建国初期的美国革命史。）

与英语原文相比，红色文本较少提及博物馆或展品，游客也不在前 50 个特殊正高频词之列。简言之，两类文本同样描述了革命史实，红色文本更强调革命历史的意义及其对今天的启示，英语原文则突出历史重现和游客体验。

## 6.3 实验结论

本研究得出以下结论：

（1）词汇多样性。无论是 TTR、STTR 还是同一概念的表述分析，都说明红色文本的用词不及英语原文丰富，前者的词汇变化相对较少。

（2）文本复杂性。文本复杂性的多维度分析结果不完全一致。尽管两类文本的平均词长基本一致，但是红色文本的词汇密度略低，这一结果似乎说明英语原文比红色文本更为复杂；然而平均句长指向相反的结论：红色文本偏好长句，英语原文偏好短句，考虑到长句包含的信息量通常比短句更大，红色文本应该比英语原文更难理解。简言之，红色文本词汇密度略低，句子更长；英语原文词汇密度略高，但是句子更短。平均词长、平均句长、词汇密度等因素对篇章信息量的具体影响尚需进一步分析。

（3）用词特色。用词特色分析显示，两类文本的语篇内容差异较大。红色文本主要侧重史实描述和意义总结，强调从革命经验中汲取智慧，一定程度上体现了中国"以史为鉴"的思维方式。英语原文在叙述史实的同时，更关心如何通过不同的方式再现美国革命，游客体验是这类文本的关注重点。

## 6.4 小　　结

本章以红色旅游景区之一井冈山旅游景区和英美历史旅游景区的英语标识与美国革命语料为例，对比了红色文本和英语原文的词汇使用文体特征，目的在于以定性的方式，考察红色旅游景区词汇的使用规范。结果发现：红色文本和英语原文相比用词较为单一，红色文本偏好使用名词和长句，英语原文更喜欢动词和短句；红色文本侧重史实陈述和经验总结，强调革命历史对后世的影响，英语原文在陈述史实的基础上突出历史重现及其对游客观感的影响。需要承认的是，由于本研究的语料篇幅较短，研究结论的可推广性相对有限，未来研究需要扩大样本范围，以中国重点红色旅游区的英译文本为研究对象，以类似主题的英语原文为参照，深入讨论红色旅游文本有别于英语原文的文本特征。此外，本研究主要对文本的宏观特征进行定量分析，尚未涉及语义韵、语义倾向和句法等层面，对红色文化核心词汇的讨论亦有待展开，未来需要在红色文化核心词汇、语义、句法等层面继续深入研究。

# 7 红色旅游景区英译文本的句法操作规范

本章我们将借助语料库的工具，探索红色旅游景区英译文本翻译的句法规范。前面已经提到，翻译规范是在具体历史语境下对译者翻译行为施加影响的社会文化规范和语言规范等因素，体现了某一社会共享的价值观对翻译行为的制约。翻译规范大致分为期待规范和操作规范。期待规范制约着译者对源语文本的选择，并对译者在翻译文本的充分性与可接受性之间作出选择施加影响。操作规范直接影响译者翻译策略和翻译方法的具体运用，可具体划分为词汇、句法和语篇等层面的操作规范。句法操作规范通常指翻译文本在源语文本语句的翻译和目的语语句选用等方面所表现出的规律性特征或规则。语料库构建之前受限于技术条件，学界一直未能在分析大量语料的基础上，对具体翻译活动的规范开展实证研究；如今，凭借语料库所具有的语料自动提取和数据统计等优势，可以系统研究翻译文本的语言特征，揭示这些特征背后所隐藏的翻译规范和影响这些规范的社会文化因素。下面我们借助前面的翻译规范分类，利用自建语料库和参考语料库，考察红色旅游景区英译文本的句法操作规范及其成因。

## 7.1 研究设计

### 7.1.1 语料选取

我们使用了自己制作的两个语料库,即红色旅游景区英译文本语料库和英美历史景区英文语料库,两个语料库的基本信息如表 7-1 所示。

表 7-1 两个语料库的基本信息

| 项目 | 语料库名称 | 库容 | 占总容百分比 |
| --- | --- | --- | --- |
| 1 | 红色旅游景区英译文本语料库 | 汉语语料 17038 字 | — |
| | | 英语语料 155403 字 | 55.79% |
| 2 | 英美历史景区英文语料库 | 英语语料 123111 字 | 44.21% |
| 总计 | — | 英语语料 278514 字 | 100% |

由表 7-1 看出,两个语料库的英语语料形符的字母总数相差不大,分别是 155403 字和 123111 字。这些语料体裁和内容框架大体一致,主要是历史、人物、军事等方面的话题。因此,这两个语料库具有比较理想的可比性。

### 7.1.2 研究方法与步骤

我们借鉴了胡开宝(2012)有关英语口译语料库句法翻译规范的探究方法。首先,依据语料库翻译学关于显化、隐化和简化等翻译共性的理论（Baker，2004），提出关于红色旅游景区英译文本句法操作规范的假设。由于包括翻译共性在内的翻译语言特征很大程度上是受翻译规范影响的结果，我们认为翻译活动通常受到显化和隐化、简化和复杂化等翻译规范的影响。显化规范是指译者采用词汇手段明示源语文本中隐含的可以推导的概念意义、人际意义以及语篇意义。隐化规范是指译者借助于上下文或句序等手段，再现源语文本使用词汇手段表达的意义。简化规范指译者在翻译过程中，有意或无意地简化源语文本的语言结构或信息内容。复杂化规范是指由于源语与目的语语言的差异，以及行文表达的需要，译者往往采用较为正式或复杂的词汇和句式结构。作为一种特殊的翻译过程，红色旅游景区英译文本是否或者在多大程度上受到以上规范的制约？

其次，确定与上述规范假设相关的英语或汉语词汇或句式为切入点，并应用BFSU_ParaConc等软件工具，统计和分析英语词汇或句式结构应用的频率和特征，以及汉语词汇或句式结构的英译规律。之后，我们依据这些特征或规律，归纳出红色旅游景区英译文本的句法操作规范。通常，目的语文本或源语文本中连接词的应用或翻译处理可视为显化或隐化规范产生影响的表现，而简化和复杂化等规范的影响则与目的语文本或源语文本中复合句的应用或翻译直接关联。而要考察评价词汇"中立"规范是否产生影响，可从程度副词的应用或翻译角度切入。程度副词涉及人们对话语真实程度或涉及范围的主观测度与评估，其应用或翻译很容易受到译者的主观判断影响。为此，我们选择英汉语连接词、英语复合句和汉语偏正复句以及英汉语程度副词等作为本书研究的考察对象。

最后,我们依据英汉语言差异和翻译学相关理论,分析以上操作规范形成的内在动因及其影响的具体方式。

## 7.2 结果与讨论

### 7.2.1 英语连接词的应用与汉语连接词的英译

我们借用 BFSU_ParaConc 软件，分析了红色旅游景区英译文本语料库和英美历史景区英文语料库中连接词的使用情况，如表 7-2 所示。

表 7-2 红色旅游景区英译文本语料库和英美历史景区英译文语料库中连接词的使用情况比照表

| 连接词 | 红色旅游景区英译文本语料库 | | 英美历史景区英文语料库 | | 卡方检验 | |
| --- | --- | --- | --- | --- | --- | --- |
| | 频数 | 显化例证频数 | 频数 | 显化例证频数 | $\chi^2$ | $p$ 值 |
| 因果关系 | 241 | 128（53.1%） | 26 | 22（84.6%） | 16.245 | 0.000 |
| 转折关系 | 451 | 134（29.7%） | 68 | 35（51.5%） | 11.297 | 0.001 |
| 让步关系 | 37 | 2（5.4%） | 4 | 0（0.0%） | 0.013 | 0.905 |
| 目的关系 | 127 | 93（73.2%） | 136 | 116（85.3%） | 10.327 | 0.001 |
| 条件关系 | 231 | 78（33.7%） | 31 | 17（54.8%） | 12.357 | 0.000 |
| 小计 | 1087 | 435（40.0%） | 265 | 190（71.7%） | 118.435 | 0.000 |

由表 7-2 可知，红色旅游景区英译文本语料库中，英语连接词的频数为 1087，其中 40.0% 的英语连接词是显化规范影响的结果。为了方便英语读者理解其中的内在逻辑，译者常常自觉或不自觉地选用连接词明示源语语句之间的语义关系或逻辑关系，

尤其是目的关系和因果关系。这两类关系显化例证频数最高，条件关系和转折关系显化次之，让步关系显化最低。在英美历史景区英文语料库中，英语连接词的频数为265，显化例证频数为190，占英语连接词频数的71.7%。其中，因果关系显化频数最高，目的关系、条件关系和转折关系显化次之，让步关系显化频数最低。因而，显化规范对红色景区英译文本和英美历史景区文本都产生了较为突出的影响。后者所受的影响显著高于前者（$\chi^2=118.435$，$p=0.000$）。就表7-2所列的具体逻辑关系显化而言，除让步关系显化（$\chi^2=0.013$，$p=0.905$）之外，显化规范对后者的影响均高于对前者的影响，$p$值均小于0.05。

我们还从汉语连接词的英译角度考察了隐化规范的影响，结果如表7-3所示。

表7-3 红色旅游景区英译文本语料库连接词英译情况表

| 连接词 | 红色旅游景区英译文本语料库 | |
|---|---|---|
| | 频数 | 隐化例证频数 |
| 因果关系 | 372 | 69（18.5%） |
| 转折关系 | 312 | 56（17.9%） |
| 让步关系 | 54 | 3（5.6%） |
| 目的关系 | 176 | 24（13.6%） |
| 条件关系 | 59 | 5（8.5%） |
| 小计 | 973 | 157（16.1%） |

隐化规范对于红色旅游景区英译文本和英美历史景区文本产生一定程度的影响。红色旅游景区英译文本语料库中，汉语连接词的频数为973，隐化例证频数为157，占汉语连接词频数的

16.1%。相比较而言，汉语因果关系连接词作隐化处理的比例最高，转折关系、条件关系和目的关系连接词隐化次之，让步关系隐化最低。应当指出，显化或隐化等句法操作规范的影响主要取决于翻译方向和文体类型两大要素。

语言在形式化程度方面有高低之分。形式化是指具体语言在表达意义时所采用形式手段的多寡以及对这些形式手段依赖的程度。形式化程度高的语言，即我们通常所说的形合型语言，依赖各种形式手段，如词汇形态变化和功能词等，表示词汇、分句和语句之间的语义关系或逻辑关系。形式化程度低的语言，即意合型语言，凭借语义连贯和逻辑顺序来实现语句之间的连接。如果将形式化低的语言译为形式化程度高的语言，源语文本的许多信息或意义必然会通过形式化手段来表现，否则译文很难达到"信""达"等翻译标准的要求。因而，显化规范的影响较为显著，而隐化规范的影响则相对较弱。反之，隐化规范的作用将更为突出。正如柯飞（2006）所指出的，"由形式化程度较高的语言翻译成形式化程度较低的语言，如由挪威语翻译成英语，或由英语译成汉语，显化现象发生递减，而隐化（或仿译）现象发生递增。若是相反的翻译方向，则显化递增，隐化递减。"本书所考察的语料均由形式化程度较低的汉语译成形式化程度较高的英语，故而显化规范的影响非常显著，隐化规范的作用则不够突出。

从表7-2和表7-3中的数据看，红色旅游景区英译文本语料库和英美历史景区英文语料库的逻辑关系显化的例证频数分别为隐化例证频数的2.98和6.21倍。实质上，显化和隐化规范的影响与翻译方向之所以相关，是因为源语语言与目的语语言的形式化程度存在差异。两者的形式化程度差异越大，显化或隐化规范的影响便越大，反之越小。具体源语文本的形式化程度也在一定程度上制约了这些规范的影响或作用。由表 7-2 和表 7-3 可知，红色旅游景区英译文本语料库中汉语连接词频数是英美历史景区英文语料库中的 16.6 倍。就连接词的使用而言，前者的形式化程度显然高于后者。这在一定程度上抵消了目的语文本使用形式化手段明示源语语句隐含语义关系的必要性，显化规范对前者的影响因而受到削弱。

此外，文体类型因素也不可忽视。一方面，不同文体的语言特征及其形式化程度各不相同，这使得显化和隐化等规范对不同文体翻译的影响表现出差异。法律文体和科技文体频繁使用连接词，长句和复合句多，形式化程度较高，而文学文体中连接词和复合句的使用频率不及法律文体和科技文体，前者的形式化程度显然不及后者。因此，显化和隐化规范对前者的影响要大于对后者的影响。另一方面，不同文体翻译的期待规范存在差异。政府工作报告和白皮书等政治文献的翻译要求非常高，要求译文完整、准确地再现源语文本的意义。由于这一期待规范的影响，显化规范对政府工作报告英译文本的影响非常显著，而隐化规范的影响不太明显。景区解说词需要忠实再现源语文本所传递的信息，显化规范影响显著，而隐化规范影响相对较小。

## 7.2.2 英语复合句的应用与汉语复句的英译

我们统计了红色旅游景区英译文本语料库和英美历史景区英文语料库中复合句频数、复杂化即汉语单句翻译成英语复合句的例证频数和复杂化例证频数占相关英语复合句频数的百分比,如表7-4所示。

表7-4 红色旅游景区英译文本语料库与英美历史景区英文语料库复合句应用情况比照表

| 连接词 | 红色旅游景区英译文本语料库 | | 英美历史景区英文语料库 | | 卡方检验 | |
| --- | --- | --- | --- | --- | --- | --- |
| | 频数 | 复杂化例证频数 | 频数 | 复杂化例证频数 | $\chi^2$ | $p$值 |
| 定语从句 | 701 | 631(90.0%) | 474 | 445(93.8%) | 12.555 | 0.000 |
| 状语从句 | 681 | 246(36.1%) | 111 | 62(55.8%) | 28.566 | 0.000 |
| 宾语从句 | 1056 | 980(64.3%) | 251 | 224(89.2%) | 4.462 | 0.031 |
| 主语从句 | 169 | 163(96.4%) | 9 | 7(77.7%) | 10.744 | 0.001 |
| 同位语从句 | 124 | 115(92.7%) | 23 | 20(86.9%) | 0.621 | 0.421 |
| 小计 | 2731 | 2135(78.1%) | 868 | 758(87.3%) | 65.311 | 0.000 |

由表7-4可知,在红色旅游景区英译文本语料库中,英语复合句共计2731句,其中78.1%译自汉语单句。在英美历史景区英文语料库中,英语复合句共计868句,其中87.3%译自汉语单句。很明显,复杂化操作规范对于红色旅游景区英译文本语料库和英美历史景区英文语料库均产生了较大影响,但后者受复杂化操作规范的影响超过前者($\chi^2=65.311$,$p=0.000$)。就英语定语从句和状语从句的应用而言,红色旅游景区英译文本语料库所表现出的复杂化规范影响显著低于英美历史景区英文本语料库($p$值均为0.000)。在英语宾语从句和主语从句的应用方面,前者所受影响显著高于后者所受影响($p$值分别为0.031和0.001)。然

而，就同位语从句的应用而言，两者所受影响并无显著差异（$p=0.421$）。

与复杂化规范相反，简化规范对翻译活动的影响具体表现为源语文本的复合句译作目的语简单句，句式结构更为简单。为考察简化规范的影响，我们对汉语偏正复句的英译进行分析（如表7-5所示）。

表7-5  红色旅游景区英译文本语料库偏正复合句的英译

| 连接词 | 红色旅游景区英译文本语料库 | |
| --- | --- | --- |
| | 频数 | 隐化例证频数 |
| 因果关系 | 391 | 73（18.6%） |
| 转折关系 | 57 | 15（26.3%） |
| 让步关系 | 194 | 16（8.2%） |
| 目的关系 | 42 | 13（30.9%） |
| 条件关系 | 47 | 11（23.4%） |
| 小计 | 731 | 128（17.5%） |

根据表7-5，红色旅游景区英译文本语料库中，汉语偏正复句数量为731句，其中17.5%译为英语简单句。可以看出，简化规范对于红色旅游景区英译文本产生了一定影响。必须指出，复杂化和简化规范的影响本质上涉及源语与目的语语句结构之间的转换，故而与这两种语言句式特点的差异密切相关。普遍认为，汉语多用单句、并列句或并列形式的复句，较少使用偏正复句，即使是汉语复句，也常常省略关联词。因而，汉语语句呈现出结

构简化、紧凑等特征。相比较而言，英语，尤其是书面语，倾向于使用复合句，表现出结构严谨、复杂等特点。由于汉英句式的上述差异，在红色旅游景区英译文本语料库中，有大量由词组或小句充当主语、宾语、定语和表语的汉语单句通常译作包含主语从句、宾语从句、定语从句和表语从句的英语复合句，而相互并列的两个汉语单句往往译作包含定语从句的英语复合句。

### 7.2.3 英语程度副词的应用和汉语程度副词的英译

根据克莱恩（Klein，1998）的观点，程度副词按照程度量级的差别可分为八大类，即：① 绝度副词，如 Completely，Absolutely，绝对；② 极度副词，如 Extremely，Awfully，Too，极其、太；③ 高度副词，如 Very，十分、非常；④ 中度副词，如 Rather，Fairly，Pretty，Quite，相当；⑤ 低度副词，如 Somewhat，A bit，A little，有点、稍微；⑥ 接近副词，如 Almost，Nearly，几乎；⑦ 准否定副词，如 Little，Hardly，Barely，几乎不；⑧ 否定副词，如 Not，Not at all，不。

我们分析一些英语常用程度副词的具体应用，发现译者不但强调译文与原文程度副词之间的对应，即选用程度量级相同的汉语程度副词翻译英语程度副词，而且常常凭借程度副词的应用强化或弱化汉语原文语义信息的强度。强化具体表现为：一是汉语原文没有程度副词，但译者为了强调原文信息内容添加程度副词；二是英语程度副词的程度量级高于汉语程度副词。弱化是指译者将汉语程度副词译为程度量级低的英语程度副词，或将汉语程度副词省略不译。

如表 7-6 所示，相比较而言，红色旅游景区英译文本语料库的译者比英美历史景区英文语料库的译者更倾向于加强原文语义信息的强度（$\chi^2 = 18.648$，$p = 0.000$）；英美历史景区英文语料库的译者比红色旅游景区英译文本语料库的译者更加注重英语程度副词与汉语原文程度量级的一致（$\chi^2 = 27.835$，$p = 0.000$）。不过，两者在程度副词的弱化方面并不存在显著差异（$\chi^2 = 3.741$，$p = 0.052$）。此外，就程度副词的应用而言，红色旅游景区英译文本语料库和英美历史景区英文语料库均表现出非常明显的强化趋势。

表 7-6 红色旅游景区英译文本语料库与英美历史景区英文语料库程度副词应用情况比照表

| 语料 | 程度副词 | 强化 | | 弱化 | | 对应 | |
|---|---|---|---|---|---|---|---|
| | | 频数 | 百分比/% | 频数 | 百分比/% | 频数 | 百分比/% |
| 红色旅游景区英译文本语料库 | 绝对副词（20） | 7 | 35 | 0 | 0 | 13 | 65 |
| | 极度副词（41） | 12 | 29.2 | 0 | 0 | 29 | 70.7 |
| | 高度副词（414） | 157 | 37.9 | 52 | 12.5 | 205 | 49.6 |
| | 中度副词（93） | 30 | 32.2 | 4 | 4.3 | 59 | 63.4 |
| | 低度副词（25） | 0 | 0 | 11 | 44 | 14 | 56 |
| | 接近副词（24） | 2 | 8.3 | 5 | 20.8 | 17 | 70.8 |
| | 准否定副词（4） | 0 | 0 | 3 | 75 | 1 | 25 |
| | 小计（621） | 208 | 33.5 | 75 | | 336 | 54.1 |
| 英美历史景区英文语料库 | 绝对副词（9） | 2 | 22.2 | 0 | 0 | 7 | 77.8 |
| | 极度副词（35） | 1 | 2.8 | 0 | 0 | 34 | 97.1 |
| | 高度副词（18） | 6 | 33.3 | 2 | 11.1 | 10 | 55.6 |
| | 中度副词（31） | 4 | 12.9 | 2 | 6.4 | 25 | 80.6 |
| | 低度副词（4） | 0 | 0 | 0 | 0 | 4 | 100 |
| | 接近副词（5） | 0 | 0 | 0 | 0 | 5 | 100 |
| | 准否定副词（1） | 0 | 0 | 1 | 100 | 0 | 0 |

续表

| 语料 | 程度副词 | 强化 | | 弱化 | | 对应 | |
|---|---|---|---|---|---|---|---|
| | | 频数 | 百分比/% | 频数 | 百分比/% | 频数 | 百分比/% |
| | 小计（103） | 13 | 12.6 | 5 | 4.8 | 85 | 82.5 |
| | 卡方 $\chi^2$ | 18.648 | | 3.741 | | 27.835 | |
| | 检验 $p$ 值 | 0.000 | | 0.052 | | 0.000 | |

为进一步分析上述语料所呈现的强化和弱化趋势，我们对红色旅游景区英译文本语料库中一些汉语常用程度副词的英译进行分析，具体情况如表7-7所示。

表7-7 红色旅游景区英译文本语料库程度副词英译情况表

| 语料 | 程度副词 | 强化 | | 弱化 | | 对应 | |
|---|---|---|---|---|---|---|---|
| | | 频数 | 百分比/% | 频数 | 百分比/% | 频数 | 百分比/% |
| 红色旅游景区英译文本语料库 | 绝对副词（81） | 0 | 0 | 28 | 34.5 | 53 | 65.4 |
| | 极度副词（67） | 5 | 7.5 | 31 | 46.2 | 31 | 46.2 |
| | 高度副词（518） | 14 | 2.7 | 199 | 38.4 | 305 | 58.8 |
| | 中度副词（90） | 6 | 6.7 | 35 | 38.9 | 49 | 54.4 |
| | 低度副词（8） | 5 | 62.5 | 0 | 0 | 3 | 37.5 |
| | 接近副词（3） | 0 | 0 | 0 | 0 | 3 | 100 |
| | 准否定副词（0） | 0 | 0 | 0 | 0 | 0 | 0 |
| | 小计（767） | 30 | 3.9 | 293 | 38.2 | 444 | 57.9 |

由表7-7可知，就汉语程度副词的英译而言，红色旅游景区英译文本语料库表现出明显的对应和弱化趋势，而强化趋势不太突出。综上所述，在红色旅游景区英译文本中，译者常常根据具体的内容以及相关语境，在译文中强化或弱化源语文本的语义

信息内容，以强调某一事实或现象，或者使具体观点的表达不至于主观、极端。我们分析了程度副词"Very"的具体应用，发现红色旅游景区英译文本语料库中，"Very"强化例证频数共计157个，其中140个是译者为了强调而添加，占强化例证频数的89.1%。译者常常在Important，Significant，Complicated，Pressing等形容词前添加Very，强调某一景点或事件或故事的重要性和复杂性。

为保证红色旅游景区英译文本中的描写客观，引人入胜，激发旅游者的兴趣和好奇心，译者往往通过添加、省略程度副词，或选用不同量级程度副词等方式，对话题的真实程度和语义信息的强度作出修正，以达到尽量吸引游客、宣传文化和强化旅游体验等目的。以包含程度副词"很"的汉语语句英译为例，译者常常将一些语句的语义强度作弱化处理，弱化例证频数共计为131个。其中，旨在减少对自己的赞扬或对他人的贬损的弱化例证频数为29个，占22.5%。分析红色旅游景区英译文本语料库中"Very"的应用，可知赞扬他人的强化例证频数为32个，占强化例证频数（即157）的20.3%；贬损自己的强化例证频数为8个，占5.1%；两者相加，共计25.4%。

## 7.3 小　　结

通过对红色旅游景区英译文本句法操作规范的语料库考察，本书尝试得出以下结论：第一，红色旅游景区英译文本句法操作规范主要表现为显化和隐化、复杂化和简化以及强化和弱化。第二，由于翻译方向和文体类型等因素，显化规范对红色旅游景区英译文的翻译实践的影响超过隐化规范的影响。第三，复杂化规范对于红色旅游景区英译文本和英美历史景区文本均产生十分显著的影响，但对后者的影响超过对前者的影响。这主要是由于英汉两种语言的句法差异和译者充分考虑国外游客旅游体验、阅读对等和效果对等因素造成的。第四，红色旅游景区英译文本的译者常常基于对程度副词量性特征的理解，有选择地应用程度副词，以强调有关事实，或使语言表达委婉、得体，从而有效吸引国外游客，增强游客体验，因而，强化和弱化规范对红色旅游景区影响均较为突出。

# 8 余 论

通过前面 3~7 章的描写与分析，我们对红色景区的翻译规范、内部规范、外部规范和句法规范有了深入的了解，我们的分析与描写结合了语料库工具的使用，借鉴另外两个平行语料库开展对比，综合提炼出红色旅游景区英译文本在句法和词汇上的显化和隐化、复杂化和简化以及强化和弱化翻译规范，并解释了这些规范使用后面的深层次原因和理据，力图为类似翻译文本开展的规范研究提供借鉴。

# 8 余 论

## 8.1 研究内容、观点总结

本书以红色旅游景区英译文本为基础，探求英译文本背后的翻译规范，在借鉴相关翻译规范理论的基础上，对翻译规范的类型进行了再分类，同时运用这些分类开展红色旅游景区英译文本的翻译规范探究，重点探究内部翻译规范中的词汇和句法操作规范。

第 1 章我们先从宏观上介绍红色文化的相关概念和价值，然后将红色旅游景区英译文本置于中华文化走出去战略的一个重要组成部分的背景下开展翻译规范研究。同时，还阐明了本研究的意义和价值。一方面本研究能够有助于探寻红色文化传播的有效途径，增强文化自信，提升我国的文化软实力，符合中华文化走出去的战略需求；另一方面，借助小型语料库帮助，开展对红色旅游景区英译文本翻译规范的探索，也有助于深化学界关于翻译本质和翻译过程的认识，拓宽实用译学研究的深度和广度。另外，对红色旅游英译文本的词汇和句法特征进行系统描写，有助于厘清语言事实，完善学界对于外宣文本语言特点的认识。最后，更有助于从理论高度指导红色旅游外宣翻译实践，研究方法可以为相关研究领域提供借鉴。

第 2 章聚焦文献研究综述。主要从翻译规范研究和红色旅游外宣翻译两方面开展文献综述，并指出红色旅游景区英译文本的翻译规范研究，需要借助语料库的工具，从宏观和微观两方面开展。语料库语言学在翻译规范研究方面存在着较大的作为空间。综述也同时指出，国内的翻译规范研究偏向小说、诗歌、散文等文学翻译，较少涉及旅游翻译、法律翻译、商务翻译等应用型文体。由于两类文本的目的和读者迥异，其翻译规范很可能出现较大差异。将翻译规范理论引入应用翻译领域，应当是国内翻译规范研究的趋势之一。其次，研究方法和研究范式有待继续更新。近年来随着语料库研究的兴起，部分研究开始从定性研究转向定量加定性研究，但是实证研究的比例仍然不高，较为系统的研究范式尚未形成，学界对译文语言特征的描写不够细致，词汇、句法乃至语篇层面的操作规范均有待深入探讨。有关红色文化外宣研究，我们需要批判性思考西方翻译理论对红色旅游外宣翻译的适用性，考虑构建新的理论框架。红色旅游外宣翻译研究需要增加研究维度，拓宽研究视野。除外宣文本外，还可以考虑原文文本、原文作者、译者、外宣文本读者等内部因素，以及意识形态、权利关系等外部因素对翻译过程的交互影响。

  第3章从理论的角度进一步探索了翻译规范研究和语料库研究结合的可能性、可行性和必要性。首先，红色旅游景区英译文本的产生，催生了对翻译行为进行指导的需求，也就产生了规范的存在。其次，红色旅游景区英译文本的翻译规范需要从历时和共时的角度，借助合理的方法，结合充足的语料来开展。红色旅游景区英译文本的翻译规范是在新时代社会背景和中华文化走出去的背景下，开展翻译实践中遵循的规范。最后，红色旅游景区英译文本的产生过程虽然受到普通规范的指导，但是因其特殊的文本特征和产生条件，必然遵循相应特殊的翻译规范。

第 4 章具体介绍了本研究语料库的构建过程，包括样本的选择、语料库工具的使用、文本的收集和整理以及初始化过程。我们建立了红色旅游景区英译文本语料库和英美历史景区英文语料库，后者作为对比使用的参考语料库。通过二者对比，发现英译文本的独特特征，进而提出各自的词汇和句法操作规范。

从第 5 章开始，本书用 3 章的篇幅探索红色旅游景区英译文本的外部规范和内部规范。第 5 章聚焦红色旅游景区英译文本的外部规范，主要从选择和期待规范上分别论述了英译文本的选择过程和读者期待。

第 6 章从探索红色旅游景区英译文本的内部规范入手，借助语料库的定性研究，选择功能相同、事件相似的平行文本，探索红色旅游景区井冈山三个英译文本在词汇选择上的规划和策略。研究发现，红色文本和英语原文相比用词较为单一，红色文本偏好使用名词和长句，英语原文更喜欢动词和短句；红色文本侧重史实陈述和经验总结，强调革命历史对后世的影响，英语原文在陈述史实的基础上突出历史重现及其对游客观感的影响。

第 7 章讨论了红色旅游景区英译文本的内部句法操作规范。红色旅游景区英译文本句法操作规范主要表现为显化和隐化、复杂化和简化、强化和弱化。由于翻译方向和文体类型等因素，显化规范对红色旅游景区英译文本的翻译实践的影响超过隐化规范的影响；复杂化规范对于红色旅游景区英译文本翻译实践和英美历史景区文本均产生十分显著的影响，但对后者的影响超过对前者的影响，这主要是由于英汉两种语言的句法差异以及译者充分考虑国外游客旅游体验、阅读对等和效果对等因素造成的。

第8章是总结，总结研究的基本结论和研究的局限性，并指出后续研究的努力方向。

## 8.2 红色旅游景区英译文本翻译规范研究的意义

前面已经指出,从宏观角度看,红色旅游景区具有丰富的红色文化资源,这些资源及其背后所体现的文化,需要向全世界进行传播。翻译是传播这些红色文化最重要的方式之一,因而对红色旅游景区英译文本的翻译规范研究,无论是在学术上还是在应用价值上,都具有其独特的魅力。

从学术价值上看,主要体现在以下几个方面。首先,对全国重点红色旅游景区英译文本的翻译规范进行讨论,有助于深化学界关于翻译本质和翻译过程的认识,拓宽实用译学研究的深度和广度。翻译规范涉及翻译的本源问题,包括什么是翻译以及如何翻译等重要命题。研究红色旅游景区英译文本的翻译规范,既可以丰富翻译理论,也可以从译者、读者和文本等角度加深对翻译过程的认识。其次,对红色旅游景区英译文本的词汇和句法特征进行系统分析,有助于厘清语言事实,完善学界对于外宣文本语言特点的认识。红色旅游景区英译文本是外宣文本的重要组成部分,对其内在规律进行研究,能够更为深入地探讨外宣文本的语言风格,探究文本背后的翻译策略。再次,红色旅游景区英译文本的研究有助于从理论高度指导红色旅游外宣翻译实践,研究方法可以为相关研究领域提供借鉴。本研究借助语料库探索红色旅游外宣文本的翻译规范,研究思路和方法可以用于其他类型外宣翻译的实践和理论研究,使其更为科学、有效。最后,红色旅游景区英译文本的研究，有助于探寻红色文化传播的有效途径，增强文化自信，提升我国的文化软实力，符合中华文化走出去的战略需求。随着我国成为世界第二大经济体，我国的国际地位显著提升，中华文化在全球的影响力明显增强。作为中华优秀文化的一部分，红色文化的对外传播研究对于增强我国的文化吸引力有着极其重要的意义，但是红色文化的对外传播途径和机制目前仍处于探索阶段。本书从翻译规范的文本研究出发，探讨红色文化传播的有效途径和机制，这对于红色文化的传播具有实践操作上的重大意义。

从应用层面看，首先红色旅游景区英译文本规范研究，为具体体裁的翻译规范研究提供范例。研究融合了翻译规范论与语料库工具，二者的有机结合是对具体体裁翻译规范研究的有益尝试。研究为功能相似、目的相同的同一类型的语篇体裁的翻译规范研究提供了范例和借鉴。一方面，翻译规范的研究需要落脚到具体的体裁语篇，指导具体体裁翻译的实践；另一方面，具体语篇的翻译实践充分体现了现有翻译规范的指导作用，同时又维持或者更新现有翻译规范。其次，红色旅游景区英译文本规范研究也为红色旅游景区英译文本翻译实践提供借鉴。通过对红色旅游景区英译文本的规范研究，能够更加深入分析英译文本独特的词汇、句法等语言特征，为更加准确忠实地翻译红色故事、推广红色文化提供借鉴。再次，通过将红色旅游景区英译文本语料库与英美历史景区英文语料库的对比分析，深入挖掘二者之间在词汇多样性、词汇密度、句法多样性等方面的不同特征，探寻这些区别性特征背后的原因，同时分析红色旅游景区英译文本在满足国外游客阅读期望等方面仍需作出的努力，为更好地做好红色旅游景区文本的翻译提供参考。最后，红色旅游景区英译文本翻译规范研究还为红色旅游拓展提供了参考。发展红色旅游，推介和宣传红色文化在新时代文化传播中显得至关重要。发展红色旅游，推介红色文化也是讲好中国故事，传播中国声音，展示真实、立体、全面的中国，加强我国国际传播能力建设的重要任务。本书针对红色旅游景区提供高质量的英译文本这一现实问题提供了很好的借鉴和建议。高质量的英译文本能够给国内外游客提供更好的旅游体验，也为红色旅游的国际化提供优质的服务，以吸引更多中外游客前来观光和旅游。

## 8.3 未来的研究空间

未来研究仍需要从以下三方面做出努力。第一，红色旅游景区英译文本语料库和参考语料库制作仍需要不断完善。从红色旅游景区英译文本语料的收集看，首先语料的规模上仍需要扩大，由目前的 75 个红色景区扩大到至少 150 个。其次，红色旅游景区的译文质量一直是制约翻译规范探索的重要因素。目前所收集的语料，大多翻译质量令人担忧，译文中，无论是词汇使用、句法使用，甚至标点符号的使用、字母的大小写都存在很大的提升空间。再次，红色旅游景区英译文本语料在整理上也还需要不断完善。对语料文本的整理仍然不够精细，语料库工具的使用尚不够熟练，这些仍然是今后要解决的问题。最后，我们仍然需要创建一个汉英平行参考语料库。目前的研究中，在使用红色旅游景区英译文本语料库过程中，我们发现在探讨句法操作规范的过程中，需要一个可供参考的汉英平行语料库，来对比分析某些简化或者复杂化、隐化和显化规范的翻译规范。虽然目前的英美历史景区英文语料库在词汇操作规范的探索中起到了很好的参考作用，但是针对句法操作规范的探索，仍然需要对应的汉英平行语料库作为参照。

第二，在接下来的研究中，仍然需要在翻译规范的细化上作出更多的探索。例如在探索内部词汇操作规范的过程中，我们使用了"质"的研究方法，仅仅考察了三则对应文本在词汇使用方面的复杂性,对句子长度等方面做出了一些尝试性探索,下一步我们仍然可以从语料库量化的角度,探索英译文本的词汇操作规范。而在句法操作规范的研究中,我们更多采用了"量"的研究方法,借鉴了显化和隐化、简化和复杂化等操作规范进行探索,未来的研究中我们仍然可以探索其他具有区别性特征的句法操作规范,借助语料库软件进行进一步的假设和验证。同时结合质的研究方法,进行更加细致的对比文本研究,探索红色旅游景区英译文本的句法操作规范。

第三,在红色旅游景区英译文本的外部翻译操作规范上,我们对于规范的探索仍然可以进一步细化。现有的研究过于宏观和笼统,仅仅从语种选择、归化和异化等方面做了探索,外部规范的研究可以进一步拓展。

# 参 考 文 献

[1] BONDI M, SCOTT M. Keyness in Texts [M]. Amsterdam: John Benjamins Publishing Company, 2010.

[2] CATFORD J C. A Linguistic Theory of Translation [M]. London: Oxford University Press, 1987: 20.

[3] CHESTERMAN, ANDREW. Memes of Translation [M]. Amsterdam and Philadelphia: Benjamins, 1997.

[4] CHESTERMAN, ANDREW. The Empirical Statues of Prescriptivism [J]. Folia Translatologica, 1999 (6): 9–19.

[5] CHESTERMAN, ANDREW. Memes of Translation: the Spread of Ideas in Translation Theory [M]. Shanghai: Shanghai Foreign Language Education Press, 2012.

[6] CONNOR U, UPTON T A. Applied Corpus Linguistics: A Multidimensional Perspective [C]. Beijing: Beijing World Publishing Corporation, 2009.

[7] FANTINUOLI C, ZANETTIN F. New Directions in Corpus-based Translation Studies (Translation and Multilingual Natural Language Processing 1) [C]. Berlin: Language Science Press, 2015.

[8] GENTZLER, EDWIN. Contemporary Translation Studies [M]. London: Routledge, 1993.

[9] GUTT E. Translation and Relevance [M]. Cambridge: Besil Blackwell, 2004.

[10] HERMANS T. Translation in Systems: Descriptive and System-oriented Approaches Explained [M]. Shanghai: Shanghai Foreign Language Education Press, 2004.

[11] HERMANS T. Norms and the Determination of Translation. [M]. Clevedon: Multilingual Matters Ltd., 1996.

[12] HELBRON J, SAPIRO G. Outline for a Sociology of Translation: Current Issues and Future Aspects [A]. MICHAELA W, ALEXANDRA F. Constructing a Sociology of Translation [C]. Amsterdam & Philadelphia: John Benjamins, 2007.

[13] HOLMES J S. Translated: Papers on Literary Translation and Translation Studies [M]. Amsterdam: Rodopi, 1994.

[14] KELLY G. LOUIS. The True Interpreter-A History of Translation Theory and Practice in the West [M]. New York: Palgrave Macmillan, 1979.

[15] KRUGER A, WALLMACH K, MUNDAY J. Corpus-Based Translation Studies [C]. London: Continuum International Publishing Group, 2011.

[16] LEFEVERE, ANDRE. Translating Literature: Practice and Theory in a Comparative Literature Context [M]. New York: Modern Language Association of America, 1992.

[17] LEFEVERE, ANDRE. Translation, Rewriting and the Manipulation of Literary Fame [M]. London & New York:

Routledge, 1992.

[18] LEFEVERE, ANDRE. Translation/History/Culture [M]. Shanghai: Shanghai Foreign Language Education Press, 2004.

[19] LEVY J. The Art of Translation [M]. Amsterdam: John Benjamins Publishing Company, 1963.

[20] MICHAEL S. The United States and China: into the twenty-first century [M]. London: Oxford University Press, 2002.

[21] MUNDAY J. Introducing Translation Studies: Theories and Application [M]. Shanghai: Shanghai Foreign Language Education Press, 2001.

[22] NORD, CHRISTIANE. Translating as a Purposeful Activity: Functionalist Approaches Explained [M]. Shanghai: Shanghai Foreign Language Education Press, 2004.

[23] NORD, CHRISTIANE. Text Analysis in Translation: Theory, Methodology, and Didactic Application of a Model for Translation-Oriented Text Analysis [M]. Beijing: Foreign Language Teaching and Research Press, 2006.

[24] REISS K. Translation Criticism — Potentials and Limitations: Categories and Criteria for Translation Quality Assessment [M]. New York: American Bible Society, 2000.

[25] SINCLAIR J. Trust the Text [M]. London: Routledge, 2004.

[26] SINCLAIR J. Meaning in the framework of corpus linguistics [A]. TEUBERT W, KRISHNAMURTHY R. Corpus Linguistics: Critical Concepts in Linguistics, Vol. 1 [C]. London: Routledge,

2007: 182-196.

[27] SCHAFFNER, CHRISTINA. The Concept of Norms in Translation Studies [A]. SCHAFFNER C. Translation and Norms [C]. London: Short Run Press Ltd., 1999.

[28] TOURY, GIDEON. In Search of a Theory of Translation [M]. Tel Aviv: The Porter Institute for Poetics and Semiotics, 1980.

[29] TOURY, GIDEON. A Rationale for Descriptive Translation Studies [A]. Hermans T. The Manipulation of Literature [C]. New York: St. Martin's Press, 1985.

[30] TOURY, GIDEON. Descriptive Translation Studies and Beyond [M]. Amsterdam and Philadelphia: Benjamins, 1995.

[31] TOURY, GIDEON. A Handful of Paragraphs on "Translation" and "Norms" [A]. SCHAFFNER C. Translation and Norms [C]. London: Short Run Press Ltd., 1999.

[32] TOURY, GIDEON. Probabilistic Explanations in Translation Studies: Universals or a challenge to the very concept? [A] GYDE H, KIRSTEN M, DANIEL G. Claims, Changes and Challenges in Translation Studies [C]. Amsterdam & Philadelphia: John Benjamins, 2001/2004.

[33] TOURY, GIDEON. Enhancing Cultural Changes by Means of Fictitious Translations [A]. HUNG E. Translation and Cultural Change [C]. Amsterdam & Philadelphia: John Benjamins, 2005.

[34] DANIEL. Beyond Descriptive Translation Studies: Investigations

in Homage to Gideon Toury [C]. Amsterdam & Philadelphia: John Benjamins, 2003/2008.

[35] VERMEER H J. A Framework for a General Theory of Translation [M]. Lebende Sprachen, 1978.

[36] VERSCHUEREN J. Understanding Pragmatics [M]. London: Arnold, 1999.

[37] XIAO R, WEI N. Translation and contrastive linguistic studies at the interface of English and Chinese: Significance and implications [J]. Corpus Linguistics and Linguistic Theory, 2014(1): 1 – 10.

[38] 陈鹏,濮建忠. 意义单位与词汇衔接的实现——基于本族语者和学习者语料库的对比研究 [J]. 外语教学与研究, 2011 (3): 375 – 386.

[39] 陈勇. 中国领导人著作翻译规范及其嬗变的话语分析 [D]. 天津：天津师范大学，2020.

[40] 邓显奕，邓大飞. 广西红色旅游区纪念场馆解说词翻译概述 [J]. 桂林师范高等专科学校学报，2008（2）：100 – 104.

[41] 邓晓宇，胡小婕，宋长健. 基于类比语料库的红色旅游文本语言分析研究 [J]. 江西理工大学学报，2015（6）：102 – 106.

[42] 董爱智. 河北省红色旅游景区公示语翻译质量及其评价 [J]. 河北师范大学学报（哲学社会科学版），2012（1）：104 – 108.

[43] 付艳丽. 功能主义视角下红色旅游外宣资料翻译研究 [J].

语文学刊（外语教育教学），2014（5）：50-51.

[44] 傅勇林. 翻译规范与文化限制：图瑞对传统语语言学与文学藩篱的超越[J]. 外语研究，2001（1）：68-72.

[45] 傅勇林. 译学研究范式：转向、开拓与创新[A]. 译学新探[C]. 青岛：青岛出版社，2002.

[46] 韩红建. 复杂适应系统理论下的翻译观研究[J]. 中国翻译，2017（2）：19-24.

[47] 韩江洪. 论中国的翻译规范研究[J]. 山东外语教学，2004（6）：69-72.

[48] 韩江洪. 切斯特曼翻译规范论介绍[J]. 外语研究，2004（2）：44-47.

[49] 韩江洪，陈美. 从图里的翻译规范理论看张培基英译《差不多先生传》[J]. 合肥工业大学学报，2012（6）：80-86.

[50] 韩江洪，张柏然. 国外翻译规范研究评述[J]. 解放军外国语学院学报，2004（2）：53-56.

[51] 胡开宝. 语料库翻译学概论[M]. 上海：上海交通大学出版社，2011.

[52] 胡庚申. 翻译选择适应论[M]. 武汉：湖北教育出版社，2004.

[53] 胡雁群. 从生态翻译学看湖南红色旅游景点公示语翻译[J]. 科技信息，2013（2）：67-68.

[54] 胡妤. 国家形象视域下的外宣翻译规范研究[D]. 上海：上海外国语大学，2018.

[55] 贾文波. 功能翻译理论对应用翻译的启示[J]. 上海翻译，

2007（2）：9-14.

[56] 姜秋霞,杨平. 翻译研究理论方法的哲学范式［J］. 中国翻译,2004（6）：10-14.

[57] 李德超,邓静. 传统翻译观念的逾越：彻斯特曼的翻译规范论［J］. 外国语,2004（4）：68-75.

[58] 梁茂成,李文中,许家金. 语料库应用教程［M］. 北京：外语教学与研究出版社,2010.

[59] 廖洪中. 江西旅游景点推介英译初探［J］. 南昌大学学报（人文社会科学版）,2002（3）：121-126.

[60] 廖晶. 翻译研究的综合路径：从文化翻译研究到社会话语分析——《译者主体性的社会话语分析》述评［J］. 中国翻译,2016（5）：60-64.

[61] 廖七一. 当代英国翻译理论［M］. 武汉：湖北教育出版社,2000.

[62] 廖七一. 翻译研究的范式［C］//译学新探. 青岛：青岛出版社,2002.

[63] 李宁. 切斯特曼翻译规范论视角下三个中译本的对比研究［D］. 桂林：广西师范大学,2016.

[64] 刘彦仕. 生态翻译学视角下的红色文化旅游资料的英译［J］. 外国语文,2011（S1）：74-76.

[65] 刘彦仕. 信息传播视角下的红色文化旅游资料英译——以"神剑园"的几处译文为例［J］. 重庆科技学院学报（社会科学版）》,2011（19）：121-122.

[66] 刘茂玲. 红色旅游文本之语用分析与翻译［J］. 广东技术师

范学院学报,2016(11):97-100.

[67] 刘云虹,许钧. 文学翻译模式与中国文学对外译介——关于葛浩文的翻译[J]. 外国语,2014(3):6-17.

[68] 刘亚猛. 从"忠实于源文本"到"对源语文化负责":也谈翻译规范的重构[J]. 中国翻译,2006(6):11-16.

[69] 刘影. 传播学视角下红色旅游的英译研究[D]. 乌鲁木齐:新疆大学,2015.

[70] 刘重德. 英汉语比较与翻译[M]. 青岛:青岛出版社,1998.

[71] 林克难. 翻译研究:从规范走向描写[J]. 中国翻译,2001(6):43-45.

[72] 苗菊. 翻译准则:图里翻译理论的核心[J]. 外语与外语教学,2001(11):29-32.

[73] 潘文国. 当代西方的翻译学研究[J]. 中国翻译,2002(1):31-34.

[74] 彭端英. 江西红色旅游英语创新人才培养的必要性及模式探究[J]. 江西科技师范学院学报,2008(6):39-42.

[75] 彭凤英. 长株潭红色旅游景区文本汉英翻译研究[J]. 城市学刊,2016(2):105-108.

[76] 彭凤英. 红色旅游文本翻译在英语翻译教学中的渗透应用研究[J]. 湖北科技学院学报,2016(9):50-52.

[77] 彭石玉,张清清. 从图里翻译规范看《呼啸山庄》两个汉译本的特色[J]. 外国语文研究,2016(3):87-95.

[78] 桑仲刚. 论翻译问题之问题:一个活动理论的视角[J]. 外语教学理论与实践,2018(4):92-97.

[79] 邵延娜. 功能翻译视角下辽宁红色旅游景区牌示解说英译研究 [J]. 辽宁教育行政学院学报, 2016 (5): 89-91.

[80] 司显柱. 对我国传统译论的反思——关于翻译技巧研究的思考 [J]. 中国翻译, 2002 (3): 39-41.

[81] 孙艺风. 翻译规范与主体意识 [J]. 中国翻译, 2003 (3): 3-9.

[82] 谭载喜. 西方翻译简史 [M]. 北京: 商务印书馆, 1991.

[83] 汤随. 图里翻译规范理论视角下葛浩文英译《蛙》的研究 [D]. 武汉: 湖北工业大学, 2016.

[84] 童修文. 红色旅游景点介绍中文化词汇的翻译探讨——以遵义会议会址为例 [J]. 四川民族学院学报, 2016 (1): 100-104.

[85] 童婧. 基于生态翻译学的双语标识译写研究——以韶山红色旅游景点的提示标识为例 [J]. 东学院学报, 2014 (5): 110-112.

[86] 涂熙玲. 红色旅游景点中的"红"字翻译 [J]. 长沙铁道学院学报（社会科学版）, 2014 (2): 130-131.

[87] 王克非. 语料库翻译学——新研究范式 [J]. 中国外语, 2006 (3): 8-9.

[88] 王克非. 语料库翻译学探索 [M]. 上海: 上海交通大学出版社, 2012.

[89] 王克非, 黄立波. 语料库翻译学的几个术语 [J]. 四川外语学院学报, 2007 (6): 101-105.

[90] 魏泓, 赵志刚. 中国文学"走出去"之翻译系统建构 [J]. 外

语教学，2015（6）：109-113.

[91] 汪警. 图里翻译规范论下《骆驼祥子》三英译本之比较研究 [D]. 上海：上海外国语大学，2014.

[92] 吴建国，魏清光. 翻译与伦理规范 [J]. 上海翻译，2006（2）：1-6.

[93] 万生更. 陕西红色文化软实力研究 [M]. 西安：三秦出版社，2010.

[94] 王瑞. 贾平凹作品英译及其研究：现状与对策 [J]. 外语教学，2014（5）：93-102.

[95] 王湘锦. 赣南苏区红色旅游英语创新人才培养的必要性及模式探究 [J]. 科教文汇，2013（32）：88-89.

[96] 王霞，王云. 河北省红色旅游外宣翻译的生态翻译学阐释——以西柏坡旅游圣地外宣翻译为例 [J]. 石家庄铁道大学学报（社会科学版）：2015（1）：66-72.

[97] 王文彬. 基于生态翻译学"多维转换"的红色旅游文本英译研究 [J]. 辽宁教育行政学院学报，2016（2）：57-59.

[98] 王晓旭. 从功能翻译理论看沂蒙地区红色旅游文本的汉译英 [D]. 长沙：中南大学，2012.

[99] 王燕，喻爱华. 红色旅游翻译与翻译教学模式 [J]. 文教资料，2015（13）：22-23.

[100] 王燕，欧求忠，喻爱华. 功能翻译理论视角下的红色旅游翻译研究 [J]. 语文学刊（外语教育教学），2015（7）：62-63+78.

[101] 王运鸿. 描述翻译研究及其后 [J]. 中国翻译，2013（3）：

5-14.

[102] 卫乃兴. 词语搭配的界定与研究体系 [M]. 上海：上海交通大学出版社，2002.

[103] 卫乃兴. 对比短语学探索——来自语料库的证据 [M]. 北京：外语教学与研究出版社，2014.

[104] 卫乃兴，李文中，濮建忠，等. 语料库应用研究 [M]. 上海：上海外语教育出版社，2005.

[105] 吴翠. 试分析江西红色旅游英语翻译现状及其对策 [J]. 科教文汇（下旬刊），2009（9）：268-269.

[106] 武光军. 基于汉英类比语料库的翻译文本中的搭配特征研究 [M]. 北京：中国社会科学出版社，2014.

[107] 吴晓春. 基于语料库的中国外语学习者逻辑连接词的对比研究 [M]. 北京：北京交通大学出版社，2016.

[108] 夏琳. 从翻译目的论探析红色旅游英译景介的现状和改善——以湖北省红安革命老区为例 [J]. 赤峰学院学报（科学教育版），2011（9）：98-100.

[109] 肖群. 从翻译目的论看红色旅游景介的英译策略 [J]. 重庆科技学院学报（社会科学版），2009（5）：149-150.

[110] 肖群. 功能主义视角下的红色旅游外宣资料英译 [D]. 上海：上海外国语大学，2010.

[111] 肖忠华. 英汉翻译中的汉语译文语料库研究 [M]. 上海：上海交通大学出版社，2012.

[112] 许均. 翻译概论 [M]. 北京：外语教学与研究出版社，2009.

[113] 徐睿. 基于读者反应的红色旅游英译文本可读性研究 [J].

井冈山大学学报（社会科学版），2017（1）：37-44.

[114] 谢天振. 中国文学、文化走出去：理论与实践 [J]. 东吴学术，2012（2）：44-54.

[115] 谢天振. 译介学 [M]. 上海：上海外语教育出版社，1999.

[116] 姚光金. 顺应论视角下红色旅游外宣资料的英译 [J]. 信阳：信阳师范学院学报（哲学社会科学版），2014（3）：80-83.

[117] 俞希."Foreign"一词在中国英语新闻中的用法——一项基于语料库的研究 [J].《外语教学》，2006（6）：23-26.

[118] 张冬梅. 从"是"到"应该"——切斯特曼翻译规范理论的逻辑进路与有效性限度解析 [J]. 外国语文研究，2018（5）：77-83.

[119] 张继东. 科技英语词语搭配的异质性研究 [M]. 上海：上海交通大学出版社，2013.

[120] 张建英，闵西鸿. 目的翻译理论下的昭通红色旅游导游词分析——以《昭通旅游导游词》英译文本为例 [J]. 昭通师范高等专科学校学报，2011（2）：52-55.

[121] 张南峰. 中西译学批评 [M]. 北京：清华大学出版社，2004.

[122] 张南峰. 文化输出与文化自省——从中国文学外推工作说起 [J]. 中国翻译，2015（4）：88-93.

[123] 张泰城，肖发生. 红色资源与大学生思想政治研究 [J]. 教学与研究，2010（1）：72-76.

[124] 张泰城、刘浩林. 红色资源的时代价值论析 [J]. 求实，

2011（5）：90-92.

[125] 赵海珍. On Evan King's and Shi Xiaojing's Two English Versions of Luotuo Xiangzi—A Perspective of Toury's Norm Theory [D]. 西安：西安外国语大学，2016.

[126] 赵宁. Gideon Toury 翻译规范论介绍 [J]. 外语教学与研究，2001（3）：216-219.

[127] 赵宁. 特拉维夫学派翻译理论研究概论 [J]. 上海科技翻译，2001（3）：51-54.

[128] 周弦. 切斯特曼翻译规范在纪实文学翻译中的应用 [D]. 南京：南京大学，2018.

[129] 周晔. 红色经典中有关"抗日"的英文表达与传播——由"抗日"一词翻译大讨论引发的思考 [J]. 解放军外国语学院学报，2016（4）：143-150.

[130] 周幼雅，肖永贺. 红色旅游景点外宣翻译误译类型及翻译 [J]. 知识经济，2013（23）：105-106.

[131] 钟俊，张丽. 江西红色旅游景区公示语翻译探析 [J]. 鸡西大学学报，2010（5）：72-73.

[132] 朱志瑜.《翻译与规范》导读 [C]//Christina. Schaffner. Translation and Norms. Beijing：Foreign Language Teaching and Research Press，1999.

[133] 朱志瑜. 翻译研究的学科建设中的几个问题 [C]//译学新探. 青岛：青岛出版社，2002.

[134] 邹琳. 文化负载词的翻译研究——以江西红色旅游语篇为例 [D]. 南昌：江西师范大学，2015.

[135] 中央全面深化改革领导小组. 关于进一步加强和改进中华文化走出去工作的指导意见[EB/OL].（2016-11-01）. http://jhsjk.people.cn/article/28826106.

[136] 中华人民共和国国务院. 关于加快发展对外文化贸易的意见[EB/OL].（2014-03-03）. http://jhsjk.people.cn/article/28926666.

[137] 中央全面深化改革领导小组. 关于加强"一带一路"软力量建设的指导意见[EB/OL].（2016-12-05）. http://www.gov.cn/xinwen/2016-12/05/content_5143552.htm.

# 索　引

## 人　名　索　引

### B

巴切（21）；贝克（22，53，55，56）

### C

陈勇（33）；程文昌（74）

### D

达尔贝勒纳（25）；邓显奕（35，37）；邓大飞（35，37）；董爱智（36）

### F

弗罗理（56）；弗米尔（37）；傅敬民（32）；付艳丽（38）

### G

仝亚辉（24）；顾洁（33）

## H

韩江洪（24，32）；赫曼斯（21，22，26，27）；胡庚申（38）；胡开宝（90，107）；胡显耀（30，54，58，78）；胡雁群（39）

## J

贾云龙（74）

## K

卡特福德（24）；克莱恩（116）；肯尼迪（65）

## L

赖斯（25，37）；劳伦斯安东尼（72）；李德超（32）；李宁（32）；梁茂成（74）；廖洪中（35）；廖七一（24，32）；列维（21，22）；林克难（24，32）；林琴南（85）；刘茂玲（39）；刘彦仕（38）

## M

马克斯·韦伯（22）；麦克司格特（72）；米歇尔巴罗（74）；闵西鸿（38）

## N

纽马克（25，26）；诺德（22，27，28，30，37，58）

## O

欧求忠（38）

## P

帕森斯（22）；彭端英（36）；彭凤英（36）

## Q

切斯特曼（22，26，27，28，29，32，51，58）

## S

宋长健（40）；孙艺风（21，32）；司显柱（37）

## T

汤随（32）；童婧（39）；图里（21，22，26，27，28，31，32，49，50，51，57，58，78）；涂熙玲（40）

## W

汪警（32）；王文彬（39）；王霞（39）；王湘锦（36）；王晓旭（38）；王燕（38，38）；王云（39）；维纳（25）；吴翠（36）

## X

夏弗儿（35）；夏琳（38）；习近平（5，7，11）；肖群（38）；肖永贺（36，42）；许家金（74）；徐睿（40）

## Y

严复（85）；杨慧中（73）；姚光金（39）；喻爱华（38）

## Z

张柏然（24）；张建英（38）；张丽（37，42）；张南峰（32）；张泰城（3，155）；赵宁（31）；钟俊（37，42）；邹琳（40）；周晔（40）；周幼雅（42）；佐哈尔（27）

# 术语索引

## B

表达功能（26）；表述的真实性（23）

## C

操作规范（18，26，28，30，31，34，50，51，58，59，78，84，89，90，91，105，106，108，109，112，114，120，123，124，125，130，131）；初级规范（26）；创造性（5，9，23，24）

## D

道德规范（23，29）；等值观（24）；多样性（24，94，97，102，128）

## F

翻译标准（22，36，83，112）；翻译策略（15，22，27，28，35，36，37，38，39，59，84，85，86，87，106，127）；翻译普遍性（16，56，57，60）；翻译的社会性（23，33）

## G

规范性（23，40）

## H

红色文化（2，3，4，5，6，13，14，17，20，35，36，38，40，41，79，80，103，123，124，127，128，129）；呼唤功能（26，38）；呼吁文本（26）

## J

技术性规范（29）；交际规范（29，30，31，58，78，90）；句法期待规范（29）

## L

历时性（24，50）

## M

描写性译学（24，26，42）；目标语（24，25，26，27，37，38，40，43，44）

## N

内部规范（16，18，30，31，48，58，59，78，90，122，125）

## P

普遍法则（27）

## Q

全国重点红色旅游景区（14，16）；起始规范（26，51）；期待规范（18，28，29，30，31，50，51，58，59，78，83，84，85，86，87，90）

## T

调整规范（28，30）

## W

外部规范（16，18，30，31，48，58，77，78）；外宣翻译（15，17，34，35，36，37，38，39，40，41，42，43，44，45，51，58，59，123，124，127）

## X

信息功能（26，38）；信息文本（25）；形式文本（25）

## Y

义务规范（30，31，58，78，90）；译者的主体性（23）；语用期待规范（29）；源语（24，25，28，30，31，37，43，54，56，84，85，90）

## Z

中华文化走出去（7，8，11，12，13，14，17，50，123，124，128）；组成规范（28）；主体表达的真诚性（23）；专业规范（28，29，51）

# 后　　记

　　2017年在学院徐睿老师的协助下，我获批教育部高校人文社会科学重点研究基地重大项目"中国重点红色旅游景区英译文本的翻译规范研究"，当时心里着实忐忑不安。第一，因为多年未从事翻译研究，无论是在硕士研究生期间还是在博士研究生期间，我从事的一直是英语语言学、功能语言学、文体学等方面的研究。虽然在攻读硕士前，我写过几篇与翻译相关的文章，但是没有经过正式课堂和专业训练的翻译研究，无论是理论功底还是实例分析范式，都显得十分稚嫩。

　　第二，对于红色文化传播这个宏大叙事，我接触甚少。一直以来，零零碎碎做过一些红色文化翻译实践项目，力图为红色文化的传播与译介奉献自己一份力量。在不少旅游景区尤其是红色旅游景区的参观游览过程中，也常常为哭笑不得的公示语或者景区介绍的译文深感焦虑，始终感到包括红色旅游景区在内的旅游景区的英文翻译任重道远。作为井冈山大学的一员，使命和职责告诉我，红色文化传播是作为外语人的光荣使命和担当。井冈山是中国革命的摇篮，井冈山道路是马克思主义中国化的伟大开篇和经典之作。习近平总书记在视察江西时指出，井冈山时期留给我们最为宝贵的财富，就是跨越时空的井冈山精神，它是中国共产党革命精神之源，是具有原创意义的民族精神。井冈山大学作为一所以井冈山精神办学育人的大学，结合新的历史条件，始终把"井冈山"作为学校最大的特色、最亮的品牌、最富的资源,不断从更高站位、更高层次贯彻落实好习近平总书记"让跨越时空的井冈山精神放射出新的时代光芒"的指示精神,努力打造"井冈山"这一学校最大的特色和品牌,努力创造出传承红色基因的"井大经验",致力于培养"信念坚定,忠诚担当,勇于胜利,能堪大任"的井冈特质时代新人。井冈山大学理所当然应该在红色文化的译介和传播中,有自己的发声,有自己的担当和作为。本课题的研究正是这方面的尝试。

第三,在传播理论下和规范理论下研究红色文本的翻译问题,属于跨学科研究。翻译规范理论是近些年来描写翻译学的重大发展,该理论的提出颠覆了原有的翻译观。从语言学翻译理论到描写翻译理论再到传播学视角下的翻译理论,经历了翻译研究的重大转折。将红色文化传播、红色经典景区英译文本作为翻译研究的对象,借助语料库和翻译规范理论的跨学科视角开展研究,对我来说确实是一个巨大的挑战。

几年下来的努力总算没有白费。首先,不断积累翻译规范的理论知识。通过文献搜集与阅读,不断提升对有关翻译规范理论的了解、掌握和评述;不断从历时和共时的角度,开展对翻译规范理论的宏观把握与微观理解;在翻译规范理论知识的掌握过程中,也不断了解翻译规范的研究方法和工具。

其次,不断收集典型的数据。几年下来,我和课题组成员不断收集和完善数据。我们通过不同的方式收集了大量的数据。一是通过网站收集文本,并进行下载、复制和整理。二是通过走访红色旅游景点,包括同事、朋友和课题组成员亲自走访红色旅游景点，对简介文本进行拍照搜集、转换和整理。三是对红色旅游宣传资料进行收集和整理。这些宣传资料对游客免费发放，内容也涉及不同语种，需要我们将其进行文本转换。四是针对红色旅游景点主管部门和游客中心，采取书面征询、电子邮件交流等方式，收集红色旅游景点的相关资料，尤其是收集一些已经出版的双语书面作品，作为我们的研究对象。

最后，不断调整研究方法。可以说对红色旅游景区英译文本翻译规范的研究，面临巨大的挑战。一是红色旅游景区英译文本本身的翻译无论从质量上还是数量上，都存在需要不断完善的地方。从质量看，英译文中的词汇使用、语法规范、篇章结构等方面均存在提升空间。各级政府或者景点管理部门对翻译的重视，是翻译质量提升的保证。英译文本的质量使我们在讨论操作规范时候，常常面临叙述上的挑战。从数量看，这些英译文本篇幅长短不一，程式化较为严重。各级政府在投入上的参差不齐，导致翻译文本的数量不同，有些仅有简介部分，有些则为图片、实物和视频、音频资料都配上了英译文本。二是虽然我们做好了红色旅游景区英译文本的语料库，但是在探索翻译规范的过程中，我们发现，参考语料库或者平行语料库的选择上，能够找到的语料库很少。后来我们只得再次收集国外平行文本，开展对比研究。三是语料库的建立对于红色旅游景区英译文本翻译规范的词汇操作规范，提供了不少帮助，也得出了不少结论，但是在句法操作规范的探索上，我们仍然很难开展有效研究。所以，我们不得不采取了定性的方法，通过平行语料的对比，探索红色旅游景区英译文本的句法操作规范。

# 后　记

　　能够顺利完成本课题的结项，要感谢的人太多。首先，要感谢井冈山大学井冈山研究中心原主任、井冈山大学原校长张泰城教授，是他的鼓励和帮助，让我申请到了这个项目，并坚持做了下来。张校长是我省乃至全国红色文化研究有较大影响的知名专家，课题的申报和完成离不开张校长的悉心指导和鼓励。其次，要感谢我的同事徐睿老师，她在前期的综述和语料库构建、红色旅游景区英译文本资料的收集上付出了艰辛的努力，开展了大量的工作。虽然后续她调离了井冈山大学，但是她为此课题的付出，我心存感激。再次，我要感谢学院的各位同人，尤其是学院的博士们，没有他们的鞭策，我难以坚持完成这个课题。身为学院负责人，我常常要求自己不断提高，为后生做好榜样。尤其是学院日语专业的霍耀林博士，他从日本同志社大学学成归来后，全身心扑在学术研究上。九栋教学楼（也称外语楼）五楼的灯光，伴随着他度过了一个个春秋冬夏。常常待在办公室的我们，总是在相互鼓励和学习中相伴前行。所幸的是，他所有的付出终得回报，霍耀林获批 2021 年的国家社科基金项目，也算是对他多年艰辛努力的一种认可。

　　项目的结题，也得到了教育部所聘请的五位评审专家、学者的大力支持和帮助，感谢北京大学仝华教授、中央党史和文献研究院李蓉教授、中国人民大学刘建军教授、首都师范大学董竹娟教授和华南师范大学陈金龙教授，他们对本书的构架、各章节的内容的安排提出了很多中肯的意见和建议。五位教授严谨的治学态度，高屋建瓴的学术视野，对课题结项提出的真知灼见，后生将牢记于心，永远是我学习的榜样。本书也是在结合五位评审人的意见和建议基础上，不断打磨完善，才得以出版的。

2021年结题完成后，总是感觉有几个章节的撰写不太满意，所以将书稿存放在电脑中近半年，偶尔想起补充完善后续章节，但是总感觉无从下手，感觉自己的知识点仍然有所欠缺，研究的方法也仍然需要更新，对语料的特征描写仍然不尽如人意。好在2022年3月的最后一个周末，我参加了译国译民翻译公司组织的语料库培训，培训过程中，我重温了几个重要语料库软件，如WordSmith和AntConc，也学习了几个新软件，如ParaConc，我骤然茅塞顿开，坚定了对语料库翻译研究的信心，对语料的分析更加从容自如，对翻译规范的提炼也更加得心应手。

最后，我要感谢我的妻子徐润英，她和女儿袁凯茜永远是我在学术上的动力，在生活中的坚强后盾。特别要感谢女儿在生活中的自立自强，使我们的担心变得多余。经历过2019—2022三年新冠病毒疫情，我们深知生活不易，似乎一觉醒来，我们的生活全变了。疫情下的三年，无论是教学、管理还是自己的一亩三分地的耕耘，我都觉得十分不易，常常会想起、担心身在国外的女儿，常常会因为疫情显得不知所措，常常会因为生活中的一件小事，变得焦虑和紧张。

好在充满希望和憧憬的2023终于到来。